아하 나도 줌zoom 마스터

아하 나도 줌zoom 마스터
화상회의, 온라인 Live 교육의 안정적 운영을 위한
최강 줌 활용 가이드북

초판 1쇄 발행 | 2020년 11월 7일

지은이   김기진
펴낸이   안호헌
아트디렉터   박신규

펴낸곳   도서출판 흔들의자
            출판등록   2011. 10. 14(제311-2011-52호)
            주소   서울 강서구 가로공원로84길 77
            전화   (02)387-2175
            팩스   (02)387-2176
            이메일   rcpbooks@daum.net(원고 투고)
            블로그   http://blog.naver.com/rcpbooks

ISBN 979-11-86787-29-8 13000
ⓒ 김기진 2020. Printed in Korea

* 이 도서의 국립중앙도서관 출판예정도서목록(CIP)은 서지정보유통지원시스템 홈페이지(http://seoji.nl.go.kr)와
  국가자료공동목록시스템(http://www.nl.go.kr/kolisnet)에서 이용하실 수 있습니다. (CIP제어번호 : CIP2020043107)

아하 나도 줌 zoom 마스터 master

화상회의, 온라인 Live 교육의 안정적 운영을 위한

최강 줌 활용 가이드북

김 기 진 지음

흔들의자

온라인 Live HR 문 열기

Zoom PD 전문가는
'온라인 Live HR'을 탁월하게 기획하고 안정적인 운영이 가능하다.

_KHR Kim PD

디지털 혁신이 시작 된 후 많은 시간이 흘렀다. 그럼에도 여전히 적응을 하지 못하고 '디지털 마인드'만을 10여 년째 반복 학습하고 있다는 것에 그 문제가 있다. 디지털 혁신에 합류하기 위해서는 무엇이 되었든 혁신적인 디지털 도구를 사용할 줄 알아야한다. 과거 벼베기 품앗이를 하는데 낫조차 사용 할 줄 모른다면 어찌될까? 더욱 심각한 것은 충분히 연습한 기량으로 여전히 낫을 들고 벼베기를 하고 있다는 것이다. 이미 기계화가 되어 콤바인으로 타작을 한지 오래 되었음에도 손에 들고 있는 것이 여전히 '낫'이라면, 그 도구를 들고 있는 이가 자신임을 알게 되는 순간 어찌될까? 여기에는 한 가지 함정이 있다. 낫에 익숙하다 보니, 손에서 절대 놓지 못한다. 오히려 화를 내는 경우도 있다 보니 조직을 변화시키는 것이 쉽지 않다. 과거 100여 명이 붙어서 해야 할 일을 이젠 혁신적인 도구를 활용해 단 한 명이 처리하고 있다. 우리 회사는, 우리 조직은, 지금 나는 어떠한 방식으로 일을 처리하고 있을까?

디지털 마인드 형성을 위해 오로지 교육에만 집중했던 함정에서 벗어나기 위해서는 분명한 목표를 두고 하나의 도구 사용에 집중해야 한다. 이러한 접근이 바로 '디지털 사용 마인드'를 만들어 가는 과정이다. 아주 사소한 도구라 할지라도 현업에서 어떻게 적용하느냐에 따라 그 결과는 완전히 달라 질 수 있다. 이러한 경험을 쌓기 위해서는 일단 '시도부터' 해야 한다. 5~10번의 반복을 통해 경험할 수 있는 '아하~'를 느껴야 만이 '디지털 사용 마인드'가 형성된다.

'아하 나도 Zoom 마스터'는 Zoom을 활용한 쌍방향 온라인 실시간 Live 방송 운영 방법을 다루고 있다. 생방송으로 진행되다 보니 안정적 운영방법을 익히는 것이 중요하다. 또한 쌍방향으로 진행되기 때문에 참가자의 몰입을 이끌어 내는데 있어서 다양한 IT도구를 활용한다. 코로나19 이후 의도하지 않게 급변하는 변화에 필자 역시 갈팡질팡 어떻게 적응해야 할지 막막한 적이 있었다. 하지만 그 고민은 3월 '한 달'에 불과했다. 곧바로 'Zoom'에 집중했기 때문이다. 지난 9월부터 월 순수 강의 시간이 130 시간에 이른다. 오프라인에서 상상도 할 수 없는 시간이다. 업무 시간을 포함 하면 한 달 200 시간 넘게 일을 하고 있다. 이것이 가능한 이유는 바로 'Zoom'에 있다. 온라인상에서 모든 일이 이루어지다보니 이동시간이 거의 없고, 저녁 시간에도 강의를 할 수 있기 때문이다.

'아하 나도 Zoom 마스터'는 단순히 Zoom 사용법 만을 다루지 않는다. 쌍방향 실시간으로 진행되는 온라인 Live 행사나 교육(이후 이를 '온라인 Live HR'이라 정의한다. HR은 Human Resource의 약자로 인적자원을 말한다.) 이 보다 안정적으로 운영되기 위해서는 다양한 'IT 도구'를 사용한다. Zoom을 비롯하여 구글 드라이브와 패들렛, 에버노트의 활용법을 익힐 수 있다. 본서는 지난 4월부터 진행한 '온라인 Live HR'에 3,000여 명을 참여시킨 경험과 'Zoom 활용법(7H)'에 대해 313명을 수료시킨 경험을 정리했다. 보다 안정적인 '온라인 Live HR' 운영으로 기대 이상의 결과를 만들어 갈 수 있길 바란다.

김기진

CONTENTS

Live
1장

온라인 Live HR이란?

코로나19 대응으로 빠른 변화를 시도하고 있는 것이 '교육'이다. 오프라인에서 운영되던 교육을 쌍방향 온라인 화상교육인 '온라인 Live HR'을 도입하면서, 오히려 기대이상의 교육몰입과 효과를 경험하고 있다. 이러한 결과를 만들어 내기 위해서는 온라인 Live HR을 시도하는 과정에서 발생되는 여러 돌발 상황은 무엇이고, 어떻게 대처해야 할지 그 상황을 미리 파악하고 접근 하는 것이 중요하다.

온라인 상에서 실시간으로 진행되는 대면교육은 뭐라 정의하면 될까? 아무도 가지 않은 길을 걷다보면 하나 둘씩 그 틀을 잡아갈 필요가 있다. 왜냐하면 그래야 다음의 변화들을 감지하고 분류할 수 있기 때문이다. 웹상에서 교육이 운영되는 것을 '웨비나'라고 한다. 또한 비대면 교육, 실시간으로 진행되는 비대면 교육, 생방송으로 진행되는 온라인 교육, 온택트 교육, 언택트 교육 등 현재 코로나19로 이후 일반화 되고 있는 용어들이다. 필자는 KHR(KoreaHRforum)의 교육기관을 운영하면서, 각 기업의 HR리더들과 함께 2008년부터 현재까지 13년 간 제145회 'HR'을 개최했다. 자사의 HR주제와 이슈를 중심으로 매월 1회 HR소통을 진행해 왔다. 그러나 코로나19로 인해 오프라인 HR포럼 개최가 쉽지 않아 이에 대응하기 위해 Zoom을 활용한 온라인 실시간 HR포럼을 웨비나로 대체 운영하면서 각 기업의 온라인 실시간 교육이 안정적으로 이루어지도록 교육 및 코칭을 진행하고 있다. 현재 Zoom PD전문가 313명을 육성했으며, 50여개 기업, 교수 및 교육담당자 교육을 진행했다. 이러한 경험을 토대로 KHR에서는 교수와 참여자 간 쌍방향으로 진행되는 실시간 온라인 Live 교육을 '온라인 Live HR'로 정의했다. Live HR을 운영 총괄하는 담당자를 'HR PD(Human Resource Producer)'라 하고, Zoom으로 운영되는 온라인 실시간 교육의 운영총괄 담당자를 'Zoom PD'라 부르고 있다. Zoom PD 전문가를 육성하는 이유는 온라인 Live 교육 운영에 시행착오를 겪고 있는 기업의 교육담당자 및 사내강사에게 온라인 Live 교육 운영 매뉴얼을 제공하여 보다 안정적인 교육으로 운영할 수 있도록 하기 위함이다. 또한 교육담당자로 하여금 온라인 Live 교육의 효과성과 효율성에 공감하게 하고, 누구나 손쉽게 온라인 Live 교육을 운영할 수 있도록 실무적인 '온라인 Live 교육 운영 매뉴얼'을 공급하고자 하는 것이다.

코로나19에 대응하기 위해 필자는 지난 4월부터 온라인 Live 교육을 진행하고 있다. 놀라운 경험은 온라인 Live 교육에 참여한 교육생들의 교육 만족도 결과이다. 당시 기존에 집합과정에서 진행했던 신입과정 및 리더십 과정을 온라인 Live 교육과정으로 재설계하면서, 한 개의 과정을 하루 6시간씩 12시간을 온라인으로 운영할 수 있을지에 대해 조금은 걱정을 했었다. 하지만 12시간 동안의 온라인 Live 교육 운영에 따른 과정별 평균 만족도는 4.8점에 이른다. 더군다나 온라인 Live 교육에 참여한 학습자 대상 설문결과에 나타난 학습자의 참여도와 몰입도는 집합과정 참여보다 오히려 학습자 몰입도가 더 좋다는 의견이 많았다. 왜 이러한 반응이 나왔을까?

지난 4월부터 현재까지 Zoom을 활용한 온라인 Live 교육 및 1대1 온라인 Live 코칭 등 2,000여 명의 교육을 진행하면서, 집합교육 대비 매우 큰 성과가 나타나고 있음을 경험했다. 온라인 Live 교육만의 몇 가지 특징 중 하나는 콘텐츠 분량이다. 집합교육 대비 1.5배 수준의 콘텐츠를 준비해야 강의가 원활하게 진행된다.

두 번째는 교육의 효과성이다. 물론 교육 운영을 어떻게 하느냐에 달라지겠지만 온라인 Live 교육으로 교육과정을 진행하면서 학습자 설문결과 및 필자의 의견을 종합해 볼 때 1.5배 이상 학습의 효과성에 학습자도 공감했다.

세 번째는 효율성이다. 집합교육에 따른 학습자 개인별 이동시간에 따른 기회비용을 줄일 수 있다는 것이다. 이를 비용으로 환산하면 매우 큰 의미가 있다. 필자가 2시간 강의를 위해 서울에서 부산에 가려면, 새벽부터 KTX를 타고 출발해 강의를 한 후 저녁시간에는 서울에 도착한다. 만약 KTX가 없었다면, 강의 하루 전에 부산에 도착해 숙박을 하고, 강의를 하고나면 늦은 밤에나 도착을 했을 것이다. 그러나 코로나19 이후 필자에겐 큰 변화가 생겼다. 모든 강의를 온라인 Live HR로 진행을 하기 때문에, 강의장을 찾아다니는 이동시간이 없다. 때문에 하루에 2시간씩 4개의 기업과 대학에 특강을 진행한 경우가 많았다. 어느 날은 Zoom을 활용해 1대1 코칭을 진행하다가 시간되면 기업 강의를 위해 Zoom 초대장을 만들어 교육생을 초대해 특강을 진행하고, 다시금 Zoom을 활용하여 1대1 코칭을 진행한 후에 점심식사를 한 경우도 많다. 물론 식사 후에 다시금 Zoom 초대장을 만들어 교육생을 초대해 3시간 강의를 진행하고, 밤 10시까지 Zoom을 활용해 1대1 코칭을 진행했다. 코로나19 이후 4월부터 현재까지 일상이 되어버린 모습이다. 9월에 필자가 진행한 강의 시간을 계산해보니 128시간이다. 사실 숨을 쉬지 못할 만큼 바쁜 일정을 소화하고 있다.

마지막으로 학습자 몰입도이다. 오프라인으로 교육을 진행하다보면 학습자 전체의 몰입도는 높지 않다. 5~6명의 조별 토의를 하는 경우에 1~2명은 교육에 몰입하지 못하는 현실로 보면 전체적인 학습자 몰입도가 낮은 것은 당연한 현실이다. 하지만 온라인 Live 교육으로 진행될 경우는 사정이 다르다. 자신의 얼굴이 학습자 전체에 공유되기 때문에 사실 딴 짓을 하기가 쉽지 않다. 반대로 보자면, 개인별 학습몰입도가 높아질 수밖에 없다. 물론 학습자의 참여도 및 몰입을 이끌어 낼 수 있도록 온라인 Live 교육이 제대로 준비되고 실행되었을 때를 전제로 한다. 필자의 개인적인 생각으로는 이러한 온라인 Live HR의 특징을 종합해 볼 때 어떻게 운영을 하느냐에 따라 기존 오프라인 교육에 비해 9배 이상의 효율성 및 효과성을 기대할 수 있다고 본다.

'9배' 조금은 과장 되어 보이는 숫자일까? 어떠한 목적으로, 어떠한 주제를 다룰 것인지, 또한 참여자를 누구로 할 것인지에 따라 충분히 가능한 숫자이다. 이정도의 수치면 사실 차원이 다른 문제라고 본다. 오프라인 상에서 진행되는 행사 또는 교육과 '온라인 Live HR'로 진행되어지는 행사나 교육은 서로 비교할 수 있는 대상이 아니라 전혀 다른 차원의 'HR영역'으로 접근할 필요가 있다. 온라인 Live HR의 탁월한 운영과 '1대1' 개념에서 준비되어진 학습자의 참여를 전제로 한다면 생각 이상의 기대효과를 경험할 수 있다. 필자는 이미 경험을 하고 있기에 주관적이지만 '온라인 Live HR'의 효율성과 효과성이 매우 높다는 것을 강조하고 싶다.

코로나19 상황이 장기화됨에 따라 기업들은 온라인 Live 교육에 집중하고 있다. 그러나 문제는 시행착오를 생각보다 많이 겪고 있다는 것이다. 이 때문에 온라인 Live 교육의 추가적인 진행에 대해 주춤하고 있거나, 여전히 시도를 못하고 고민한 하고 있는 기업도 많다. 이러한 현상이 발생되는 이유는 간단하다. 온라인 Live 교육에 대한 이해와 준비 부족이다. 기업교육은 지식적인 전달 뿐만 아니라 교육생들로 하여금 개인의 역량을 이끌어 내고, 상호 공유를 통해 다시금 역량을 향상 시켜야 하기 때문이다. 따라서 교육과정 설계 시 내용 설계와 교육 운영 설계에 대해 충분히 고민하지 않으면 안 된다. 온라인 Live 교육의 기본은 쌍방향으로 학습이 이루어져야 한다. 이러한 방식이 온라인상에서 원활하게 운영되도록 하기 위한 별도의 교육설계가 필요하다는 이야기다. 기본적인 과정설계와 강의 및 교육 운영 전반에 대해 철저한 준비가 되어있어야 비로소 학습자들이 온라인 Live 교육에 몰입할 수 있다. 필자는 쌍방향으로 실시간 진행되는 온라인 Live 교육과정이나 행사를 '온라인 Live HR'로 정의했다.

1-2 Zoom PD 전문가 육성하기

온라인 Live HR을 제대로 운영하기 위해서는 5가지의 기본 역량을 갖추어야 한다.

첫 번째는 교육운영 경험이다. 현장에서 직접 교육과정 전체의 흐름을 이해하고 운영을 하며 강사의 보조 역할과 학습자 관리 등 현장 경험이 있어야 한다.

두 번째는 과정 설계 경험이다. 직원 역량 향상을 위한 교육과정 설계 경험이 있어야 오프라인 교육을 온라인 Live HR 교육프로그램으로 재설계 할 수 있기 때문이다.

세 번째는 강의 경험이다. 학습자의 몰입을 유도하고, 학습 내용이 충분히 전달 될 수 있도록 기본 강의 역량을 갖추어야 한다.

네 번째는 퍼실리테이터 역할이다. 한 가지 주제에 대해 학습자 스스로 고민하게 하고, 개개인의 생각을 이끌어 내어 공유할 수 있도록 해야 한다.

마지막으로 IT역량이다. 온라인 Live HR 운영을 위한 화상도구와 참여를 이끌어 낼 수 있는 도구 활용에 능숙해야 한다. 특히, 온라인 Live HR 운영에 최적화 되어 있는 Zoom의 사용과 구글 설문의 활용 역량은 매우 중요하다. 이와 같이 '온라인 Live HR'을 보다 안정적이고, 효율 및 효과적으로 운영할 수 있는 전문가를 'HR PD'로 정의했다. 또한 Zoom을 활용하여 전문적으로 온라인 Live HR을 운영하는 HR PD를 'Zoom PD' 라고 한다. 필자는 그동안 현대자동차, 효성, 농협을 비롯 50여 개 업체의 교육담당자 및 사내강사를 대상으로한 'Zoom PD 전문가' 313명을 육성했다.

1-3 온라인 Live 교육 실태 현황

기업교육
은 코로나19로 인해 온라인 Live 교육으로 급격하게 전환되고 있다. 지난 6월 KHR에서 조사한 '온라인 Live HR 실태조사' 결과에 의하면, 기업 교육담당자의 대체적인 의견은 현재의 코로나 사태가 끝나도 이전의 교육방식으로 돌아가기는 쉽지 않을 것으로 예상했다. 초기에는 교수와 교육담당자의 화상도구 조작 미흡으로 교육진행이 매끄럽지 않았다. 참가자 역시 온라인 Live HR의 참여에 대한 이해도가 낮다보니, 단순히 화면만 보고 있으면 되는 줄만 알고 소극적으로 교육에 참여했던 것도 문제였다. 하지만, 이러한 문제점은 그다지 오래가지 않았다. 교수와 교육담당자는 온라인 Live HR의 과정설계와 운영에 빠르게 적응했고, 교육 참여자 역시 적극적인 참여가 이루어 졌다. 기존의 교육방식과 비교하여 교육 효과성 측면에서 오히려 긍정적인 결과를 경험한 것이다.

KHR '온라인 Live 교육 실태조사' 설문에 참여한 84개의 기업의 설문결과는 필자의 예상을 조금 뛰어 넘었다. 응답기업 대부분이 온라인 Live HR의 효과성에 대해 인지하고 있고, 또한 실제적으로 그 성과를 긍정적으로 경험하고 있었기 때문이다.

[표 1-1] 온라인 Live HR 실태조사 참여 기업

구분	온라인 Live HR 실태조사 응답 기업					
1	거흥산업	동희홀딩스	세아특수강	창조건축	한솔이엠이	SK네트웍스서비스
2	경신	디케이락	세인아이엔디	캐논코리아	현대무벡스	
3	고용노동연수원	라파스	세정	캠시스	현대오트론	
4	기아자동차	미원화학	신아티엔씨	코오롱머티리얼	화승알앤에이	
5	네오비즈시스템	바이엘 코리아	신한아이타스	큐엠씨	효성티앤씨	
6	네패스	범진전자	여천NCC	클리오	AJ	
7	넥센타이어	볼보그룹코리아	영림원소프트랩	토비스	AP시스템	
8	농심	불스원	워시스왓	파라다이스	CGN율촌전력	응답 84명
9	농협중앙회	블렝크코퍼레이션	원텍	팬택씨앤아이	CJ대한통운	
10	대림피앤피	삼양사	위니아딤채	하이트진로	DB인재원	
11	대웅제약	샘표	위메프	한국네트웍스	DHL	
12	도드람양돈농협	서울시설공단	이수그룹	한국단자공업	GS엘리시안	
13	동국산업	서진산업	이수화학	한국아트라스비엑스	LS	
14	동성코퍼레이션	선일다이파스	인켈	한국지엠	NH투자증권	
15	동아쏘시오홀딩스	성우하이텍	주성엔지니어링	한국토지주택공사	SC제일은행	

84개 기업 중 교육혁신의 필요성에 공감하는 기업은 86.9%(73개)로 조사되었다. 대부분의 기업이 기존의 교육방식에 변화가 필요함을 이야기 하고 있다.

[표 1-2] 코로나19 대응을 위한 교육혁신의 필요성에 고민하고 있는가?

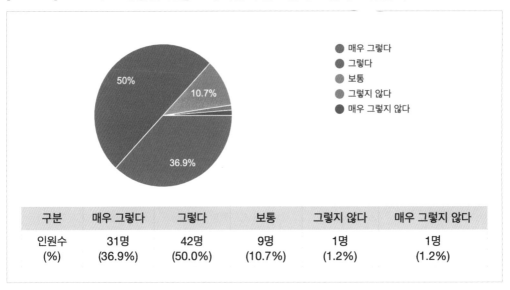

구분	매우 그렇다	그렇다	보통	그렇지 않다	매우 그렇지 않다
인원수 (%)	31명 (36.9%)	42명 (50.0%)	9명 (10.7%)	1명 (1.2%)	1명 (1.2%)

코로나19 대응 구체적인 교육계획을 수립하고 있는 기업은 52.7%(45개)로 조사 되었다. 사실 기업의 교육담당자들은 발 빠르게 움직이고 있음을 알 수 있었다.

[표 1-3] 코로나19 대응 교육계획을 수립하고 있는가?

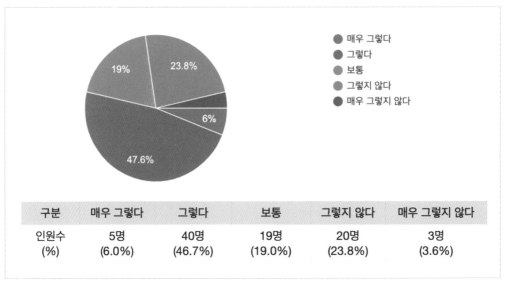

구분	매우 그렇다	그렇다	보통	그렇지 않다	매우 그렇지 않다
인원수 (%)	5명 (6.0%)	40명 (46.7%)	19명 (19.0%)	20명 (23.8%)	3명 (3.6%)

온라인 Live 교육을 시도한 기업도 44.0%(37개)에 이른다. 코로나19 대응을 위해 빠르게 적응 하고 있었다.

[표 1-4] 온라인 Live HR을 시도한 경험은?

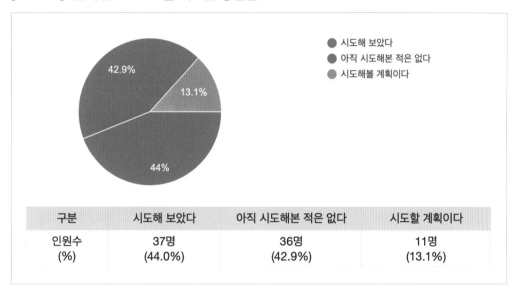

구분	시도해 보았다	아직 시도해본 적은 없다	시도할 계획이다
인원수 (%)	37명 (44.0%)	36명 (42.9%)	11명 (13.1%)

온라인 Live HR을 시도한 기업의 결과는 51.3%(19개)가 만족도가 높게 나타났다. 만족도가 높게 나타난 이유를 종합해 보면 교육 효과성 면에서 오프라인과 큰 차이가 없고, 쌍방향 의사소통이 가능할 뿐만 아니라 학습자에게 좀 더 편하게 질문을 할 수 있기 때문인 것으로 나타났다.

[표 1-5] 온라인 Live HR을 시도한 결과는?

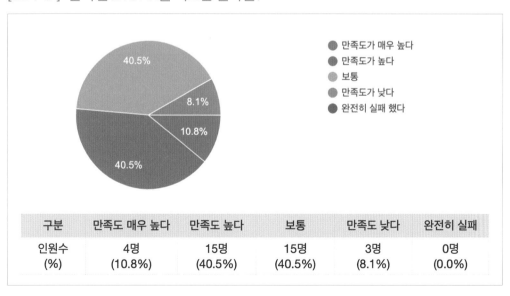

구분	만족도 매우 높다	만족도 높다	보통	만족도 낮다	완전히 실패
인원수 (%)	4명 (10.8%)	15명 (40.5%)	15명 (40.5%)	3명 (8.1%)	0명 (0.0%)

온라인 Live 교육을 시도한 결과 보통으로 응답한 이유에 대해서는 다섯 가지로 정리가 되었다. 첫 번째는 오프라인 강의를 온라인 Live 교육과정의 전환 부족이었다. 사실 오프라인에서 강의했던 방식을 그대로 가지고 와서, 모니터만 보고 강사 혼자서 거의 일방적으로 전달식 강의를 한 것이다. 두 번째는 강사의 Live HR 교육의 진행 스킬 부족을 들고 있다. 강의 속도를 비롯하여 관련 강의 자료의 장표 구성과 강의 기법 등의 변화와 참여도를 이끌어 내는 진행 스킬의 부족이다. 세 번째는 학습자의 온라인 Live HR 참여 시 사전에 충분한 정보 전달의 부족이다. 기본적인 접속 IT접속 환경에서 부터, 온라인 Live HR 참여를 위한 단계별 설명과 교육 분위기에 대한 사전적 정보 전달이 제대로 이루어지지 않았던 것이다. 네 번째는 Zoom 등 온라인 화상 프로그램의 활용이 미숙한 경우이다. 단순한 기능이지만, 조작법을 모르게 되면 정지상태가 되어 온라인 Live HR은 더 이상 진행되지 않는다. 한마디로 대형 방송사고인 셈이다. 마지막으로 교육생의 참여도를 이끌어 내는 온라인 Live 교육 운영방식에 익숙하지 않기 때문이다. 이처럼 온라인 Live HR 운영의 디테일(Detail)을 살펴보면, 미세하게 준비하고, 연습해야만 하는 상황이 많다. 이러한 준비가 철저하게 이루어져야 기본 오프라인 교육 운영보다 더욱 효율적이고 효과적인 온라인 Live HR 운영이 가능하다.

마지막 설문으로 향후 온라인 Live HR 운영 시 어떠한 부분을 고려해야 하는가에 대한 응답은, 결국 강사와 학습자간 상호 소통할 수 있는 참여식 도구 활용은 필수적이라고 응답했다. 아울러 준비 콘텐츠에 있어서 핵심 이론 정리에 중점하고, 현장중심의 교육내용과 사례를 중심으로 기존 오프라인 교육의 장점을 살려 온라인 Live HR의 재설계를 통한 안정적 운영을 강조했다.

1-4 당황스러운 Live HR

온라인 Live HR 운영을 진행해 본 교육담당자가 이야기 하는 공통적인 단어는 바로 '당황'이다. 온라인 상에서 진행되는 집합교육에 대해 대응해야 할 변수가 많고, 무엇보다 실시간으로 진행되는 생방송은 즉시에 문제해결을 해야 하기 때문이다. 더욱 큰 문제는 사소한 문제발생이라 하더라도 이로 인해 온라인 Live HR은 그냥 멈춰버리기 때문이다. 대부분의 문제는 갑작스럽게 발행하고, 이에 대해 불과 10여초 안에 해결을 해야 하는데, 모든 상황에 대해 대처하기가 쉽지 않다. 이 때문에 온라인 Live 교육을 운영해본 담당자라면 식은 땀 좀 흘렸을 것이다.

그렇다면, 어떻게 해야 온라인 Live HR 운영 시 당황하지 않고 안정적으로 교육을 운영할 수 있을까? 답은 간단하다 돌발 상황을 예측하고 미리 연습해 두면 된다. 대부분은 단순한 문제로 발생되거나 사소한 실수로 발생되는 일들이 많기 때문에 이를 미리 대처하거나 실수를 줄이면 된다. 예측되는 문제는 과정 운영상에서 발생을 하기 때문에 온라인 Live HR의 운영프로세스를 구체화 하고 이를 철저하게 준비하면 된다. 사소한 실수로 발생되는 문제는 화상 시스템 활용 시 각각의 기능상에서 벌어지는 해프닝이 많다. 이러한 문제들은 좀 더 연습을 하거나, 교육 운영 시 뮬레이션을 반복하면 충분히 해결될 수 있다. 이러한 돌발 상황에 즉시 대처가 되지 않은 경우 교육담당자들이 공통적으로 사용하는 단어는 '폭망'이다.

폭망의 상황에 어떠한 대처도 하지 못하고, 그냥 교육을 중단할 수밖에 없는 사태를 여러 번 경험해 보았기 때문이다.

결국, 온라인 Live HR을 안정적으로 운영하기 위해서는 사전에 교육준비를 철저히 하고, 문제 발생시 당황하지 않고, 신속하게 대응하여 학습자로 하여금 교육 몰입에 지장이 없도록 하는 것이다.

1-5 에러(error)를 잡아라

당황하지 않으려면 에러(error)부터 바로 잡아야 한다. 안정적이고 성공적인 온라인 Live HR을 운영하기 위해서는 예측되는 모든 경우의 에러(error)에 미리미리 학습하고, 연습을 충분히 해야 돌발 상황에 대응할 수 있다. 전문 HR PD로서 여러 가지 에러 상황을 미리 알지 못하면 교육이든 회의든 낭패를 보게 되어 있다.

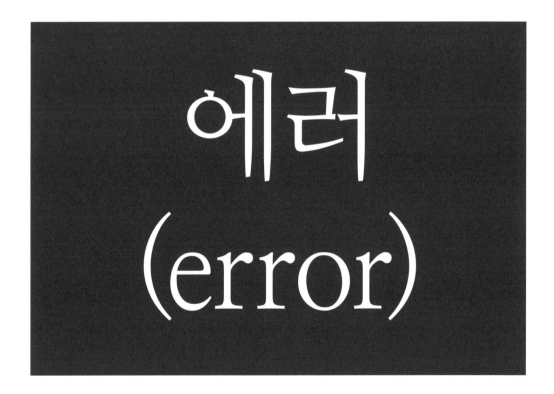

첫 번째 에러(error)는 사람이다.

강사는 온라인 Live HR에 익숙해져야 한다. 오프라인 교육과는 상황이 다르다. 학습자의 참여도를 이끌어 내는 방식이 기존 오프라인과는 완전히 다르다. 또한 콘텐츠 역시 온라인 Live HR에 맞게 재구성해야 하는데 이 부분이 익숙하지 않다. 이러한 문제를 해결하지 않고, 이전대로 온라인 Live 교육을 진행하면 그 결과는 예상 그대로다. 강사는 이러한 부분에 철저하게 준비하고, 충분한 리허설을 해야만 한다. 실시했던 온라인 Live 교육 실태조사 결과에 의하면 강사의 준비 부족으로 인해 학습자의 참여도는 물론 학습몰입이 되지 않은 경우가 많았다. 또한 화상도구의 조작 미숙으로 인해 중간 중간 강의가 멈춰버린 상황이 반복되면서 교육의 흐름이 원활하지 않아 학습자의 불만이 컸다. 물론 학습자 역시 온라인 Live 교육 운영에 따른 에러(error)발생 요인 중 하나다. 기본적으로 지켜야 할 학습자의 자세다. 한때는 교육 중에 울리는 스마트폰 벨소리가 문제가 된 적이 많았다. 매번 교육을 시작할 때마다 핸드폰을 꺼두거나 진동으로 전환해 달라는 요청을 하고나서야 교육이 진행되었다. 심지어는 교육 중에 걸려오는 전화를 받고서는 혼자서 떠들어대는 경우도 빈번했다. 지금은 어느 정도는 이러한 에티켓 정도는 지켜지고 있다. 문제는 온라인 Live HR을 진행하면서 학습자에 의해 과정 운영에 지장을 초래하는 경우가 빈번하게 발생하고 있다는 것이다. 온라인상에서 운영되는 세미나를 웨비나라고 한다. 이미 익숙해진 용어이다. 그렇다면 웨비나 참여시 지켜야할 에티켓도 필요하다. 필자는 이를 '웨티켓'으로 명명했다. 이러한 웨티켓은 과거에도 그랬듯이 학습자로 하여금 철저하게 숙지하고, 지켜지도록 공유하고 학습이 이루어지도록 해야 한다.

두 번째 에러(error)는 소프트웨어다.

온라인 Live 교육은 IT환경을 기반으로 하기 때문에 ZoomPD 또는 학습자는 기본적인 IT환경은 최적의 상태를 유지하고 있어야 한다. 먼저 점검할 것은 와이파이다. 유선이든 무선이든 인터넷 연결이 불안정하면, 온라인 Live HR의 안정적 운영은 불가능하다. Zoom PD는 당연히 점검해야 할 부분이다. 그리고 당연하겠지만 PC 또는 노트북 접속은 필수이다. 핸드폰 참여도 가능하지만, 화면이 작기 때문에 장시간 참여하기에 적합하지 않으며, 설문 참여와 개인 발표 등 교육 참여가 원활하지 않기 때문이다. PC접속시에는 반드시 웹캠이 있어야 하며, 부득이 설치가 어려운 경우에는 핸드폰과 PC를 동시 접속하고, 핸드폰은 카메라 용도로 사용하면 된다.

세 번째 에러(error)는 운영 매뉴얼 부재다.

온라인 Live HR은 온라인 실시간 방송으로 진행이 되기 때문에 단순 실수가 빈번하게 발생하거나, 문제 발생 시 즉 대응이 되지 않으면, 심각한 방송 사고를 초래하게 된다. 초기에 진행되는 온라인 Live HR은 IT조작 및 과정 운영에 익숙하지 않기 때문에 실수가 발생할 수밖에 없다. 문제는 이러한 실수가 빈번하게 발생할 수 있다는 것과 상황에 따라서는 단순한 실수임에도 해결방법을 몰라 교육과정 자체가 중단이 되어버리는 경우이다. 때문에 기본적인 온라인 Live HR 운영 매뉴얼과 돌발 상황에 대한 사전 대처 방법에 대해 충분히 숙지하고 연습을 해두어야 한다. Zoom을 활용하여 온라인 Live HR 운영 시 치명적인 돌발사고는 마이크와 비디오 화면공유를 할 때 발생한다. 단순하게 사용되는 기기 조작이지만 실제 온라인 Live HR을 운영하다보면 치명적인 실수가 되어 교육이 폭망하는 경우가 많다. 강사 또는 Zoom PD는 이러한 부분을 철저하게 학습하고 연습을 해두어야 한다.

코로나19는 산업교육에 쓰나미 수준의 심각한 변화를 가져다주었다. 관련 교육기관과 기업 교육담당자들은 방향을 잡는데 혼선을 겪었고, 대안 마련도 쉽지 않은 것은 사실이다. 하지만 이 또한 변화를 할 수 있는 기회로 포착한다면 상황은 좀 더 달라 질 수 있다. 보다 안정적이고, 보다 효율적이고, 보다 효과적인 온라인 Live 교육이 운영되도록 하기 위해서는 무엇을 준비하면 되는 것일까? 이 책은 다음의 3가지에 집중했다.

첫째, 사전 준비다.
안정적인 온라인 Live HR 운영을 위해서는 기존 오프라인 교육보다 준비사항이 많다.

둘째, 직전 준비다.
최소 온라인 Live HR 운영 30분 전에는 최종 시뮬레이션을 통해 완벽하게 준비해야 한다.

셋째, 교육운영이다.
온라인 Live HR의 오프닝과 핵심내용의 전달 및 참여도를 이끌어 낼 수 있어야 한다.
안정적인 온라인 Live HR 운영에 대해서는 Live 4장에서 상세하게 다루고 있다.

1-6 학습자가 준수해야 할 웨티켓

안정적인 온라인 Live HR이 이루어지기 위해서 학습자가 반드시 지켜야 하고,
또한 교육담당자나 강사가 반드시 주문해야할 것이 바로 학습자 웨티켓이다.

첫째는 비디오 켜기다. 온라인상에서 교육이 진행되기 때문에 온라인 Live HR 참여 시 학습자의 비디오는 반드시 켜져 있어야 한다. 만약 비디오가 켜져 있지 않으면 온라인 Live HR 참여 자체를 못하게 해야 한다. 즉, 강제로 강퇴하는 것이다. 학습자가 비디오를 켜지 않은 상태는 마치 오프라인 교육 참여 시 강의장에 들어설 때 모자를 쓰고, 마스크와 썬글러스를 착용한 상태와도 같다. 학습자가 이런 모습으로 강의장에 들어설 때를 상상해 보면 도저히 이해가 되지 않을 것이다. 마찬가지로 온라인 Live HR에 참여하는 학습자가 비디오를 켜지 않는다는 것은 사실 더 심각한 상황인 것이다. 문제는 이러한 문제점을 학습자가 인지하지 못하고 있을 수 있기 때문에 온라인 Live HR 참여 전에 학습자에게 '웨티켓'을 정확히 숙지하고 따를 수 있도록 안내 및 교육을 해야만 한다. 그래야 안정적인 온라인 Live HR 운영이 가능하다. 만약, 한 명이라도 비디오가 꺼져있는 상태에서 교육을 진행하게 되면, 교육 시간이 흐를수록 다른 학습자의 비디오가 꺼져가는 경우가 발생한다. 이렇게 되면 학습자 통제가 잘 안 될 수 있고, 강사는 학습자의 얼굴도 보이지 않은 채 혼자서 떠들어대는 상황이 불가피하게 연출 될 수 있다. 때문에 반드시 학습자의 비디오는 켜진 상태에서 온라인 Live HR이 운영되어야 한다.

둘째 음소거 하기다. 학습자의 온라인 참여시 모두가 마이크를 켜게 되면, 한꺼번에 들리는 소음으로 인해 매우 심각한 상황이 발행한다. 때문에 사전에 이러한 안내문이 학습자에게 공유가 되어야 한다. 물론 화상 교육시스템 상에서 이 부분의 제어도 충분히 가능하다. 하지만 미리 이러한 주의 사항을 학습자에게 전달해 두는 것이 안정적인 온라인 Live HR 운영의 핵심이다.

셋째, 이름 쓰기다. 온라인 Live HR 운영 시 학습자의 명단을 체크해야 하고, 또한 강의 진행시 강사가 질의응답을 해야 할 상황이 있기 때문에 학습자가 반드시 지켜야 할 웨티켓 중의 하나다.

Live
2장

Zoom PD 전문가는?

뛰어난 요리사도 식재료가 상하거나 부실한 상태에서 고객이 만족할 만한 수준의 요리를 해내는 것은 거의 불가능하다. 마찬가지로 콘텐츠가 부실한 상태에서는 온라인 Live HR 운영 시 참가자의 만족도를 기대하기 어렵다. 온라인 Live HR은 오프라인과 달리 양질의 콘텐츠 구성에 집중해야 한다. 또한 온라인의 특수성을 감안하여 참가자로 하여금 적극적인 참여도를 이끌만한 안전장치도 갖추어야 한다. 온라인상에서 참가자는 한번의 클릭만으로 사라질 수 있기 때문이다. Zoom PD는 콘텐츠의 구성에서부터 참여를 위한 IT도구를 비롯 Zoom 활용에 능숙해야 한다. 무엇보다 온라인 Live HR 운영 시 활용 되는 '24Q-FTP' 기법을 적용하여 디테일한 운영능력을 갖추어야 한다.

기업을 대상으로 진행한 '온라인 Live HR 실태조사'에서 나타난 바와 같이 온라인 Live HR을 시도한 결과 보통으로 응답한 이유 중 하나는 오프라인 강의를 온라인 Live HR의 전환 부족에 따른 결과로 보았다. 온라인 Live HR은 오프라인과는 다르게 화면을 보고 학습에 참여해야 하기 때문에 당연히 온라인상에서 몰입을 이끌어 내는 방법은 달려져야 한다. 또한 온라인 Live HR은 화면만 보고 집중을 해야 되기 때문에 피로도가 높다. 이러한 상황임에도 기존 오프라인 강의 형태를 그대로 온라인상에서 진행하게 되면 전달력에도 무리가 있고, 학습자 역시 집중하기 쉽지 않은 것은 당연하다. 때문에 강의 환경이 바뀌었다면 여기에 맞추어서 강의를 준비해야만 한다.

기본 컨셉은 오프라인의 장점을 그대로 온라인 Live HR에 맞게 재구성 하면 된다. 기존 오프라인 교육을 완전히 바꾸는 것이 아니라 최대한 오프라인 교육의 장점을 살려내는 방식으로 '온라인 Live HR'프로그램으로 재구성하는 것이다. 오프라인 교육은 진단과 조별 토의 및 발표를 기본으로 한다. 이해를 돕기 위해 관련 사례 동영상을 시청하는 경우도 많다. 또한 강의를 진행하면서 교육생과의 교감을 통해 적절하게 강의 속도나 수준을 고려하여 진행을 한다. 이 모든 것을 그대로 온라인상에서 구현하면 된다. 이 부분은 대단히 중요하다. 대부분은 온라인과정을 재구성할 때 기존에 진행한 이러닝 과정설계의 함정에 빠져서 오프라인의 장점을 포기하는 경우가 많기 때문이다.

그렇다면 기존 오프라인 강의를 어떻게 '온라인 Live HR'로 전환하면 될까? 우선 놓쳐서는 안 되는 것이 바로 '참여식' 프로그램 구성이다. 오프라인 강의는 강사와 학습자가 '1 대 다수' 이지만

'온라인 Live HR'은 온라인 화상으로 진행하기 때문에 강사와 학습자가 '1 대 1'의 상황과 같다. 참여한 학습자가 오프라인 상황처럼 서로 간에 교감할 수 있는 상황이 자유롭지 않기 때문에 학습자는 오로지 강사에 의존할 수밖에 없다. 또한 반대로 오프라인 교육장에서는 학습자 개인을 보고 있는 것은 토의식 형태의 조별배치 구조라면 해당 테이블의 팀원 정도가 될 것이다.

하지만 '온라인 Live HR'의 상황은 화상으로 진행되기 때문에 교육에 참여한 모든 학습자가 자신의 얼굴을 보고 있는 상황이다. 그것도 온라인 Live HR이 종료 될 때까지 비디오 화면에 노출되기 때문에 소위 '딴 짓'을 하기가 쉽지 않다. 이러한 부분을 고려하지 않더라도 중요한 것은 강사와 학습자의 상황이 오프라인 교육과 다르게 온라인 Live HR은 '1 대 1'로 교육이 이루어진다. 이러한 특수 상황만 고려하더라도 '온라인 Live HR' 운영 시 강의 콘텐츠를 어떻게 구성해야할지, 교육 진행은 어떠한 식으로 이끌어 갈지에 대해 고민하지 않을 수 없다. 여기에는 몇 가지 IT도구를 활용하면 쉽게 구현이 가능하다.

온라인 Live HR의 특징 중 하나는 앞서 다룬바와 같이 '1 대 1' 상황이다. 오프라인 교육 운영 시에 학습자의 참여도를 이끌어 내는 것보다 오히려 운영을 어떻게 하느냐에 따라 좀 더 손쉽게 학습자별 몰입도를 높일 수 있다는 것이다. 이러한 학습자별 몰입을 이끌어내기 위해서는 IT도구의 활용은 필수 사항이다. 필자는 구글 설문을 추천한다. 설문의 구성과 설문결과 등 사용이 원활하기 때문이다. 여기서 매우 중요한 것은 바로 설문 문항의 설계이다. 학습을 위한 설문에서부터 학습과정에 몰입을 이끌어 내는 설문 그리고 학습 종료 후에 생각을 정리할 수 있는 설문은 다양한 형태의 설문문항 설계가 중요하다.

첫째, 오프닝 설문이다. 학습 참여 전에 학습자로 하여금 과정 참여에 대해 사전 지식과 생각 등을 묻는 질문으로 설문을 구성하는 것이다. 이미 설문에 응답하는 순간 '온라인 Live HR'은 시작되기 때문이다.

둘째, 진행 설문이다. 강의 진행시 학습에 몰입을 이끌어 내는 설문이다. 배운 내용에 대해 어떠한 부분을 핵심으로 메모하고 있는지, 학습내용에 대해서는 어떠한 생각을 가지고 있는지 그리고 배운 내용을 개인의 성장을 위해 어떠한 노력을 할 것인지에 대해 정리해 보는 시간을 갖도록 하는 것이다.

셋째, 클로징 설문이다. '온라인 Live HR' 참여 이후 구체적으로 무엇을 배웠는지 핵심을 정리하게 하고, 핵심 내용에 대해 어떠한 생각을 하고 있는지를 고민하게 하고, 이후에 현업에는 어떻게 적용해 볼 것인지에 대해 작성하도록 하는 것이다. 강사는 이렇게 정리한 설문 결과에 대해 당연히 피드백을 해야 한다. 설문 설계방법과 피드백 방법에 대해서는 다음 Live 5장에서 다룬다.

2-3 Zoom을 잘 활용한다는 것

$Zoom$을 잘 활용한다는 것은 자동차 운전을 잘하는 것과 같다. 운전 면허증을 취득했다고 해서 당장 여기저기 여행을 다니기는 쉽지 않다. 도로 상황과 교통 상황 등 여러 가지 변수에 대해 대응해야 하기 때문이다. 진행했던 '온라인 Live HR 실태조사' 결과에서 '폭망'의 결과는 여기서 시작되었다. 자동차의 시동을 걸고 직진과 좌우 핸들 조작은 연습했지만 정작 후진은 어설프다보니 주차를 할 수 없는 상황과 같다. 좁은 도로에서 다른 차와 마주하니 오도 가도 못하는 상황에 쩔쩔매는 경우와도 같다. Zoom을 활용한 '온라인 Live HR'의 운영의 핵심은 '안정성'이다. 약간의 실수만으로도 온라인 Live HR은 '폭망'한다. 그야말로 방송 사고다.

필자는 최근에 Zoom으로 진행하는 웨비나에 참여한 적이 있다. 담당자는 Zoom 초대장을 받은 참가자에게 일일이 인사하며 목소리가 들리는 지를 지루하게 체크한다. 이후 웨비나 운영 전반을 이야기 하는 동안 어디에선가 개짖는 소리가 크게 들리고, 다른 곳에서는 TV소리가 크게 들리고 있었다. 참여자들이 Zoom의 음소거를 하지 않은 상태로 웨비나에 참여하다 보니 발생되는 문제다. 더 큰 문제는 교육담당자가 Zoom 사용법에 대해 충분한 숙지와 연습을 하지 않은 상태에서 '온라인 Live HR'을 운영한 것이다. 마치 후진 연습이 되어 있지 않은 상태에서 자동차를 도로에 끌고 나온 것과 같다. '온라인 Live HR' 운영은 생각보다 많은 경우 수의 상황에서 문제를 발생시키고 또한 각각의 사소한 문제는 대형 방송 사고를 일으킨다. Live 방송으로 진행되다 보니, 사소한 실수라 하더라도 결과적으로 치명적일 수밖에 없다. 또한 이러한 하나하나의 실수들이 학습자의 몰입을 이끌어내는데 더욱 치명적인 영향을 준다는 것이다. 그래서 Zoom은 잘 활용할 수 있을 때까지 충분하게 숙지하고, 여러 번 시뮬레이션을 반복하여 실수가 많지 않도록 철저한 준비가 필요하다.

2-4 학습 촉진 퍼실리테이터

온라인 Live HR 운영 시 학습자의 몰입을 이끌어 내는 방법은 '참여식'이다. 참여식은 말 그대로 학습자가 직접 무언가에 참여하도록 해야 한다. 학습자가 동시에 참여하도록 하는 방법 중 하나는 '설문'이다. 설문을 통해 참여를 하도록 한다. 그렇다면 학습자들로 하여금 보다 더 학습 촉진이 이루지게 하는 방법은 무엇일까? 바로 피드백이다. 학습자들이 참여한 설문결과에 대한 피드백을 어떻게 하느냐에 따라 학습자의 몰입의 정도가 달라지기 때문이다. 그래서 강사의 학습자에 대한 퍼실리테이터 역할이 중요하다.

첫째, 설문 결과에 대해 어떠한 응답내용을 피드백 할 것인지를 선택하는 것이다. 온라인 Live로 진행을 하기 때문에 사실상 주어지는 시간은 5초에서 10초 내외 이다. 이 짧은 시간에 설문결과의 내용 중 피드백을 할 만한 내용을 선택을 해야 한다. 심지어는 설문응답을 하는 과정에도 피드백이 이루어지는 경우가 많기 때문에 불과 3초안에 어떻게 피드백을 할 것인지를 판단해야 한다.

둘째, 피드백을 할 만한 설문응답 내용을 선택 했다면, 응답내용에 대해 먼저 칭찬부터 한다. 설문에 참여한 사람은 일단 기분이 좋아 질 수밖에 없다. 당연히 다른 학습자들도 주목하게 되고, 다음 설문 응답 시 달라진 태도를 기대할 수 있다.

셋째, 설문 응답 내용에 대한 세부적인 피드백이다. 이런 경우 강사의 내공이 기본이 되어야겠지만, 강의 내용과 관련하여 깊이 있는 피드백을 주게 되면 사실상 2차 학습의 과정이 이루어진다. 이러한 방식의 설문과 피드백이 성공하게 되면 다음 설문에 응답하는 학습자의 태도는 좀 더 진중해 질 수 있다.

오프라인 교육은 기본적으로 50분 강의에 10분의 쉬는 시간이 주어진다. 성인 교육은 경우에 따라 좀 더 길게 강의를 진행하는 경우도 있다. 하지만 '온라인 Live HR'은 학습자의 몰입도가 오프라인과는 차원이 다르기 때문에 피로감이 높다. 더욱이 화면만을 보고 고정된 자세로 장시간 자리에 앉아 있기 때문에 쉬는 시간이 충분히 주어져야 한다. 때문에 '온라인 Live HR'은 45분 강의를 진행하고, 쉬는 시간 15분을 철저하게 지켜야 한다. 만약 여건 상 강의가 45분을 넘겼다면, 쉬는 시간은 그대로 15분을 유지해야 한다.

또한 45분의 강의 구성도 오프라인 강의처럼 일방적인 강의로 진행되면 학습자의 몰입도는 기대할 수 없다. 오프라인은 초반의 실패가 있더라도 중간에 학습자를 다독여 교육을 진행할 수 있지만 '온라인 Live HR'은 화상으로만 진행을 하기 때문에 초반의 강의 실패는 결국 과정 전체를 실패를 의미한다. 때문에 과정 설계부터 운영 시뮬레이션을 충분하게 연습하지 않으면 안 된다.

'온라인 Live HR' 운영 시 과정설계 방식은 철저하게 [24Q-FTP] 기법을 적용하며 오프라인 콘텐츠를 45분 분량의 온라인 Live 교육 콘텐츠로 재구성하는 것이다. 필자가 Zoom PD 전문가 과정 운영 시 이 부분을 이야기 할 때마다 학습자들이 폭소를 터트리곤 하지만, 매우 효과 있는 온라인 Live 교육을 위한 과정설계 기법이다. [24Q]는 각각 이론과 사례 그리고 질문을 의미한다.

[2]의 의미는 오프라인 과정 운영 시 관련 내용을 좀 더 핵심만 뽑아 핵심 이론으로 재정리하는 것이다.

[4]의 의미는 '현장과 관련 있는 사례를 별도로 정리하여 다루거나, 교육 진행시 학습자에게 교육 내용과 관련된 사례를 중심으로 질문'을 하는 것이다.

[Q]의 의미는 과정 내용에 대해 자유롭게 질문의 시간을 갖는 것이다. 질문이 없는 경우는 교육 내용과 관련하여 부연 설명을 추가 할 수 있다.

[FTP]의 의미는 각각 Fact 와 Think 그리고 Plan이다. 24Q 이후에 학습자에 대한 FTP설문으로 구글 설문을 활용한다. Fact는 학습내용에 대해 배운 내용이 무엇인지 Fact 중심으로 내용을 요약하는 것이다. Think는 정리한 Fact에 대한 자신의 생각이나 느낌을 작성한다. Plan은 앞서 정리한 Think에 대해 어떻게 현업 적용할 것인지를 구체적으로 작성하는 것이다. 이러한 'FTP 학습설문'은 '온라인 Live HR' 운영 시 모듈마다 적용을 한다. 예를 들어 5시간 동안 진행되는 온라인 Live 교육에 5개의 모듈을 다루었다면 5개의 'FTP 학습설문'을 진행하는 것이다. 보통 학습자의 작성 시간은 3분 내외의 시간이 주어진다.

'24Q-FTP' 과정 설계 시 '핵심이론-사례-질문-FTP'는 각각 '15분-10분-10분-10분' 총 45분의 분량을 유지한다. 구글 설문으로 진행하기 때문에 학습자가 작성한 자신의 설문 내용은 모두 본인의 이메일로 재전송된다. 그렇게 되면 과정참여에 따른 결과 모두를 자신이 한 번 더 확인 할 수 있기 때문에 자연스럽게 사후 학습의 과정이 이루어진다.

[24Q-FTP 설계]

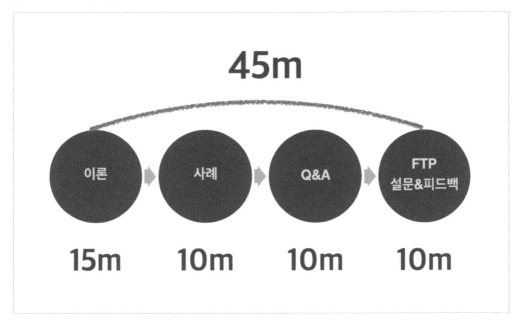

Live

3장

손쉬운 Zoom 활용 Tip

왜 Zoom인가? 참가자는 물론이고 온라인 Live HR 운영 시 발생하는 상황 전체를 확인하고 컨트롤 할 수 있도록 설계되어 있기 때문이다. 기본 사용법은 물론, 사용에 따른 특수한 상황에 대한 이해가 필요하다. 안정적인 온라인 Live HR을 운영하기 위해서는 Zoom의 11가지 기능에 대해 사용법은 외우는 것이 아니라, 완전히 몸에 익혀야 한다. 그래야만 순간적으로 발생하는 돌발 상황에 바로바로 대처할 수 있기 때문이다.

3-1 │ 왜 Zoom?

온라인 Live HR은 오프라인 교육의 장점과 온라인 생방송의 장점을 결합한 교육이다. 놓쳐서는 안 되는 것이 오프라인 교육의 장점을 최대한 살리는 것이다. 온라인 교육형태라고 해서 기존의 오프라인 교육과는 다르다는 생각으로 접근하면 온라인 Live HR의 장점을 살릴 수 없다. IT도구 등 어떠한 형태로든 오프라인 교육의 장점을 살리는 것이 핵심이다. 마찬가지로 실시간으로 진행되는 생방송의 장점을 그대로 활용하는 것이 중요하다. 학습자들의 실시간 참여로 짧은 시간에 많은 의견을 수렴할 수 있는 장점이 있는 것이다. 문제는 이러한 것이 가능하도록 할 수 있는 화상 시스템이 받쳐 주어야 가능한 이야기다. 그러기 위해서는 기본적으로 온라인상에서 학습자에 대한 관리가 원활해야 한다. 음향에서부터 비디오 등 학습자에 대한 관리 및 통제가 원활하지 않으면 생방송 진행이 어렵다. 그렇기 때문에 실시간 생방송으로 진행되는 온라인 Live HR은 작은 실수 하나 만으로 소위 '폭망' 하는 사태가 벌어지기 때문에 미세한 조정 기능은 필수다. 그러한 측면에서 Zoom의 경우는 온라인 생방송 진행에 최적화 되어 있다. 또한 학습자가 온라인 Live HR에 참여하려면 접근성이 수월해야 하는데, Zoom은 회원가입을 하지 않아도 참여가 가능하며, 스마트 폰의 경우 Zoom 앱을 설치하지 않아도 참여가 가능하다. 물론 노트북 및 데스크탑 접속의 경우도 관련 'Zoom 초대장'을 클릭하면 해당 앱을 자동설치 하도록 안내가 되어 있어서, 처음 Zoom을 접하는 참가자라 하더라도 손쉽게 온라인 Live HR에 참여할 수가 있다.

Zoom은 최대 1만명 까지 접속이 가능하고, 현재 비디오 참여는 49명까지 가능하다. 사내 교육을 진행하거나 전사원을 대상으로 하는 회의 및 관련 행사를 진행하는데 무리가 없다. 또한 유튜브 및 페이스북 등 라이브 스트리밍 서비스를 지원하고 있어서 사실상 대형 규모로 진행하는 웨비나의 경우 인원 제한 행사 진행이 가능하다. 쌍방향 참여가 필요한 경우는 Zoom에 접속하여 참여하고, 그 외의 경우는 유튜브나 페이스북에 Live 전송을 하면 된다

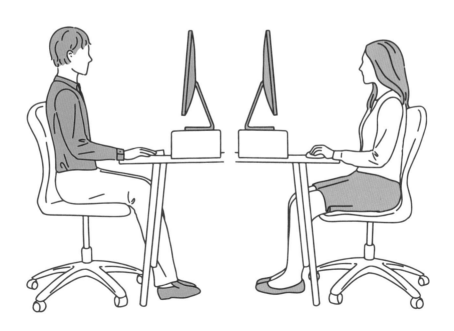

3-2 │ Zoom 기본 사용법

Zoom을 활용한 온라인 Live HR의 운영은 몇 가지의 Zoom 기본 기능만 익혀도 무리는 없다. 사용설명은 단, 30분이면 된다. 하지만 교육의 탁월한 효과를 기대한다면 그 외 세부적인 기능의 이해와 조작법을 익히고, 충분한 연습을 해야만 가능하다. 어쩌다가 한 달에 한두 번 Zoom을 사용 해보고서 '이 정도면 되겠지' 하는 순간 온라인 Live HR을 진행 할 때 마다 문제가 발생하게 된다. Zoom을 활용한 온라인 Live HR은 생방송으로 진행된다. 단순 실수는 대형 방송사고가 될 수 있음을 잊어서는 안된다. 우선 Zoom의 기본 기능부터 철저하게 익히고, 각각의 기능을 활용할 때 발생되는 문제를 미리 예측하고 실수가 없도록 준비해야 한다. 온라인 Live HR 운영 시 발생되는 돌발 상황은 Live 4장에서 다룬다.

음소거

온라인 Live HR 운영 시 빈번하게 실수가 발생하는 기능이다. 필자가 Zoom 활용해 2,500여명을 대상으로 강의 및 Zoom PD 역할을 하면서 가장 주의 할 것 중 하나가 바로 Zoom의 '음소거' 기능이다. 간단히 5~6명이 접속하여 회의를 진행하는 경우라면 문제가 없겠지만, 30명을 대상으로 Zoom을 활용한 온라인 Live HR 운영한다면 상황은 매우 심각해진다. 이때 첫 번째 돌발 상황에 직면하는 것이 바로 '음소거' 기능이다. Zoom 화면에 동시에 30명이 입장하다 보니 10개의 마이크만 켜져 있어도 그 소음은 말로 표현할 수 없다. Zoom 활용에 익숙하지 않은 사용자가 할 수 있는 멘트는 "마이크 좀 제발 꺼주세요" 또는 "음소거 좀 해주세요" 이다.

그러나 문제는 참여자 역시 익숙한 환경이 아니다보니, 마이크는 어디에 있는지, 음소거는 또 무엇인지 우왕좌왕 하는 최악의 상황이 벌어진다. 그런데 만약 중요한 회의를 진행할 경우라면 이러한 사태를 어떻게 감당할까? 더 심각한 이야기를 하자면 30명 중 단 한명이라도 '음소거'를 하지 못하면 그 사람의 주변 소음이 여과 없이 노출된다면 회의가 되었든 교육이 되었든 진행할 수 없다. 어떠한 경우는 교육 중에 "생닭 팔아요. 한 마리에 5천원, 세 마리에 만원. 생닭 팔아요" 닭을 팔러 다니는 트럭의 마이크 소리가 30명의 PC에서 울려 퍼진다.

강사는 어떠할까? 처음엔 주의를 하기 때문에 무리가 없지만 한 번의 쉬는 시간을 갖고 나면 '음소거' 기능에 무감각 해진다. 마이크를 켜지 않고 즉 음소거를 해제하지 않고 혼자서 떠드는 상황이 벌어진다. 다행히 교육생이 Zoom 채팅방에 문제의 상황을 올려주거나 마이크를 켜고 "강사님 소리가 안들려요" 라고 이야기 해주면 그나마 다행이지만, 참여자도 상황을 잘 모르다보니 자기만 안들리는 줄 알고 혼자서 당황하며 그대로 지켜보는 경우도 있다. 그러니까 30명 모두가 그렇게 지켜만 보고 있는 경우가 발생 할 수 있다는 것이다. 강사가 이상한 낌새를 차리는데 10분이 소요되었다면, 어쩔 수 없이 다시 강의를 진행해야 한다. 더욱 신경써야 할 것은 장시간 교육이 진행될 경우다. 바로 3번째 갖는 쉬는 시간이다. 음소거를 한줄 알고 뱉은 강사의 한마디이다. "나참, 이번 교육생들 왜이래. 기본기가 없어" 라는 말이 30명 참여자의 스피커에 울려 퍼진다. 어떠한 상황이든 스스로가 조심해야 한다. 이러한 실수는 참여자도 마찬가지다. 익숙해 질 때까지 반복적으로 주의를 주어야 한다. 이러한 돌발 상황을 방지 할 수 있도록 하기 위한 안전장치를 해두어야 한다. Zoom 고급설정에서 모두 음소거 참여 기능이 있다. 또한 Zoom에는 '모두 음소거' 기능도 있다. 갑자기 소음이 들려 오거나 할 때는 재빠르게 '모두 음소거'를 해야 한다. 이것 또한 연습이 필요하다. 당황하면 생각이 나지 않을 수 있기 때문이다. Zoom을 활용한 온라인 Live HR 운영방법은 Live 5장에서 다룬다.

비디오 중지

온라인 Live HR 운영 시 자칫 대형 사고를 낼 수 있는 기능이며, 역시 빈번한 실수가 발생하는 기능이다. 우선 회의 및 교육을 진행하는 경우라면 필수적으로 해야 할 것은 '웨티켓'을 지키게 하는 것이다. 바로 모든 참여자는 '비디오를 반드시 켜기'를 해야 한다. 상황에 따라 예외의 경우가 있을 수 있지만, 이 부분에 분명한 규칙과 실행을 강요하지 않으면, Zoom으로 진행하는 회의나 교육은 재대로 진행되기 어렵다. Zoom은 실시간으로 진행되는 화상도구다. 오프라인에서 운영되는 회의장이나 교육장 참여시 본인의 이름을 큰 글씨로 새긴 시커먼 자루를 머리에 둘러쓰고 등장하는 사람은 없다. 마찬가지로 Zoom 회의에 참여하며 비디오를 켜지 않고 시커먼 비디오 화면에 '홍길동'이라고 이름만 노출이 되는 것은 매우 우스꽝스러운 모양새다. 필자가 조금 강하게 이야기 하는 것은 이러한 행동이 현재는 당연하게 인식되고 있기 때문이다. 이 부분은 조금씩 변화해 가야 한다. 핸드폰이 처음으로 손에 쥐어졌을 때 회의나 교육장에서 벨소리가 여기저기서 들리는 경험이 있었다. 또한 교육 중에 버젓이 허리를 제치고 통화를 하는 경우도 있었다. 한때는 이러한 모습이 조직에서 힘을 과시하는 것으로 착각했던 시절도 있었다.

코로나19는 선택의 여지 없이 많은 변화를 주고 있으며 이러한 새로운 변화에 빠르게 적응해갈 필요를 요구한다. 온라인으로 진행되는 실시간 화상 교육은 쌍방향으로 진행된다. 이를 앞서 '온라인 Live HR'로 정의했다. 이때 쌍방향은 서로 간에 얼굴을 보는 것을 전제로 한다. 그러니 참여자 모두 비디오를 켜는 것은 당연하다. 이러한 규칙과 실행이 애매해지면 온라인 Live HR에 참여하는 학습자는 하나둘씩 비디오가 꺼지게 되고, 강사는 시커먼 개별 비디오 화면을 보며 떠들 수밖에 없다. 회의 진행도 마찬가지다. 중요한 메시지를 전달하거나 회의 참여를 통해 중요한 의사결정을 하는 과정에 회의 참여자가 비디오를 꺼둔 상태에서 참여한다는 것은 있을 수 없는 상황이다. 먼저 규칙을 정하고, 이를 따라줄 수 있도록 사전 홍보에도 신경을 써야 한다. Live 1장에서 다룬 '웨티켓'을 한번 더 참고하기 바란다.

참가자

Zoom을 운영하는데 있어서 학습자의 상황을 통제할 수 있는 매우 중요한 기능이 탑재되어 있어서 관리에 탁월함을 발휘할 수 있다. 참가자 기능은 사용법은 물론 익숙해 질 때까지 시뮬레이션을 반복할 필요가 있다. 참가자를 눌러보면 Zoom 비디오 오른쪽 화면에 참여자 명단을 확인 할 수 있다. 여기서 중요한 것은 '대기실' 사용여부다. Zoom 초대장을 클릭을 하면 바로 Zoom 회의실에 입장을 할 수 있는데, 이때 산발적으로 Zoom 회의실에 참여자가 입실을 하게 되면, 회의 및 교육진행이 원활하지 않게 된다. 참여자 또한 기대감도 없고 어수선 해지는 상황에 방치하는 것과 같다. 마치 행사나 강의 준비가 되어 있지 않은 상황에 참여자 들이 행사장 또는 교육장을 들락거리는 것과 같다. 오프라인 행사의 경우 입장 시간을 공지하고, 입장 전에 리허설 등 행사를 준비한다. Zoom으로 운영되는 행사나 교육도 마찬가지이다. Zoom을 활용한 온라인 Live HR 운영 시 참가자에 대한 상세한 안내가 필요하다. 상세한 안내란 최소한 2가지는 정리를 해야 한다.

첫 번째는 교육운영에 대한 세부일정 안내가 필요하다. 오프라인과 달리 온라인으로 참여를 하기 때문에 Zoom에 접속하기 전에 충분히 이해할 수 있도록 상세내용 공지와 반복 안내가 필요하다.

두 번째는 앞서 강조 했던 '웨티켓'이다. 익숙하지 않은 환경이다 보니 사실 참여자의 실수가 어떠한 결과를 초래하는지 인식하지 못하는 경우가 많다. 음소거를 하지 않았을 때, 참여자 목소리를 비롯해서 주변의 소음이 모든 참여자에게 여과 없이 노출되고 있음을 인지하지 못하는 경우도 많다. 이 때문에 음소거 및 비디오 등 온라인 Live HR 참여시 지켜야 할 웨티켓을 분명하게 공지해야 한다. 다시 한번 더 강조하지만 '비디오'는 반드시 켜고 참여하도록 해야 하며, 참여하는 동안에도 절대 비디오를 끄지 않도록 주의를 주어야 한다.

'대기실' 사용여부는 참가자 기능을 클릭하면 '더보기'에서 확인 할 수 있다. 여기서 매우 중요한 스킬을 강조하자면, 대기실을 사용하는 경우 Zoom에 접속하는 모든 참가자는 'Zoom 대기실'에 머물게 된다. 때문에 온라인 Live HR을 시작할 때는 '모두 수락'을 눌러서 모든 참여자를 동시 입장시킨다. 그리고 이때 반드시 바로 이어서 수행할 기능이 있다. 바로 대기실을 비활성화 시키는 것이다. 대기실을 활성화 상태로 두면, '모두 수락' 이후 1초라도 늦게 Zoom에 접속하는 참가자는 회의에 참여하지 못하고, 'Zoom 대기실'에 머물기 때문이다. 만약 Zoom운영자가 이를 인식하지 못하고, 온라인 Live 교육을 진행하게 되면 강의가 종료 돼서야 이 사실을 알게 된다. 이러한 상황이 발생하는 이유는 참여자 역시 Zoom에 익숙하지 않다보니 아무런 대응도 하지 않은 채 'Zoom 대기실'에서 마냥 기다리고만 있는 경우로 자주 발생한다.

채팅

채팅 기능은 온라인상에서 강사와 학습자의 실시간 소통 창구다. 자유롭게 채팅을 주고받을 수 있기 때문에 학습자의 참여도를 이끌어 내는데 유용한 소통 도구다. 하지만 여기서도 주의해야 것이 있다. 참여자의 질문을 Zoom 채팅을 통해 확인 할 수 있는데 행사 또는 강의를 진행하다 보면, 이를 놓치는 경우가 있다. 때문에 온라인 Live HR 운영 시 수시로 Zoom 채팅방에 올라오는 내용이 무엇인지 확인을 해야 한다.

강의를 진행하다 보면 비디오를 통해 학습자 모두의 얼굴을 보며 이야기 하는 경우도 있고, 강의 슬라이드를 띄우고 진행하는 경우가 있다. 이런 경우 다음에서 이야기 하겠지만 '화면 공유' 기능을 사용해 학습자들이 강의 슬라이드만 볼 수 있도록 할 수가 있다. 문제는 이러한 조작을 하지 않고, 강사는 강의 슬라이드를 Zoom에 띄운 것으로 착각하고 강의를 진행하는 경우가 있다. 이러한 실수는 처음엔 발생하지 않지만 강의를 진행하다보면 깜박하는 경우가 있다. 학습자들은 영문도 모르고 강의를 듣다가 나중에서야 강의 슬라이드가 공유되지 않음을 알고, Zoom 채팅방에 "강사님 강의 슬라이드가 안 보여요"를 올려본다. 문제는 강사가 강의에 몰입하다 보니 이를 발견하지 못하고 강의가 종료 되고 나서야 Zoom 채팅 방에 올라온 글을 확인한다. 강사는 순간 식은땀을 흘린다. 이러한 실수는 사실 종종 발생 할 수 있다. 혼자서 온라인 Live HR을 운영하게 되면 이러한 실수는 Zoom 기능을 사용할 때마다 여기저기서 돌발 사고가 발생하기 때문에 충분한 연습이 필요하다.

화면 공유

화면 공유 기능은 온라인 Live HR의 핵심이다. 어떻게 사용하느냐에 따라 라이브 방송의 격이 달라진다. 기본 적인 기능은 모니터 화면(PC사양에 따라 데스크탑)을 지정하는 것이다. 그 외 화면 공유는 화이트 보드 기능도 있고 PPT 파일이든 PC화면상에 띄워놓은 파일을 선택할 수 있지만, 필자는 여전히 듀얼 모니터 화면 전체를 참가자에게 공유하는 것을 설정하고 있다.

왜냐하면 그 외 다른 기능을 사용하다보면 온라인 Live HR 운영 시 순간의 착각으로 인해 돌발사고가 발생하는 경우가 많기 때문이다. 그리고 온라인 Live HR 운영은 반드시 듀얼 모니터를 사용하기를 권한다. 방송의 격이 다르기 때문이다. 예를 들어 연극 공연 관람 시 무대 위의 배우가 연극을 하는 동안 분장실에 옷을 갈아입는 과정마저 여과 없이 보여 진다면, 관객은 연극 공연에 몰입하기 쉽지 않다. 영화극장에서 감동적인 영화에 빠져들고 있는 상황에 영화를 찍고 있는 장면이 순간 돌출이 된다면 어떻게 될까? 그야말로 대형사고인 셈이다. 연극 공연이든 영화 극장에서든 이러한 상황은 발생되면 안 된다.

마찬가지로 온라인 Live HR을 운영하는 동안 PC화면에서 조작하는 모든 동선이 참가자에게 노출이 된다면 어떻게 될까? 오프라인 상에서는 어느 정도는 양해가 될 수는 있겠지만, 온라인 Live HR의 참여자 입장에서는 화면만을 보고 있는 상황이기 때문에 Zoom 화면에서 벌어지는 단순한 조작도 잡음이 될 수 있다. 그리고 온라인 Live HR을 운영하다보면 오프라인 행사나 강의에 비해 PC상의 조작이 매우 빈번하다. 이렇게 움직이는 동선은 참여자 입장에서는 그저 단순 잡음으로 밖에는 보이지 않기 때문에 조작법을 충분히 익혀야 한다. 더군다나 서투른 조작법으로 인해 참여자에게 보여서는 안되는 불필요한 동작들이 반복적으로 노출이 된다면, 참여자의 몰입도는 생각보다 급격하게 떨어진다. 왜냐하면, 매일매일 접속하는 유튜브, 페이스북, 인스타그램 등 온라인상에서 보여지는 화면과 TV 방송 등에 익숙하기 때문에 참여자들의 온라인 Live HR에 대한 기대수준이 높다.

기록

오프라인 강의 시 강의 내용을 촬영해서 편집하려면 많은 시간과 비용이 소요된다. 일단 별도의 촬영장비가 필요하고 촬영기사가 있어야 한다. 교육생 참여 상황까지 연출하려면 또 하나의 촬영 장비와 보조 인력이 필요하다. 강의 장면의 수준을 높이려면 촬영장비 한 대를 더 준비해서 빔 프로젝트 화면의 강의 슬라이드도 촬영을 해야 한다. 무려 3대의 촬영장비로 촬영한 내용을 편집하려면 시간은 또 얼마나 걸릴까? Zoom을 활용한 온라인 Live HR은 3대의 촬영장비와 2명의 인력이 필요 없다. 또한 하루 종일 걸리는 동영상 편집도 필요 없다. 그냥 온라인 Live HR을 실시간으로 녹화를 하면 된다. 기록을 선택하면 그때부터 녹화가 진행된다. 물론 고급설정에서 Zoom을 켜자마자 녹화가 가능하도록 선택할 수 있다. 이렇게 되면 저장 용량이 많기 때문에 필자는 수동으로 녹화가 가능하도록 설정했다. 이러한 경우 깜박하고 '기록'을 누르지 못할 경우가 생기기 때문에 듀얼 모니터 왼쪽 모서리에는 '기록' 이라고 포스트잇을 써 붙혀 놓았다. 절대 실수가 있으면 안 되기 때문이다. Zoom을 종료하면 데스크탑 또는 클라우드 저장여부를 체크하여 저장하면 된다. 클라우드는 용량의 제한이 있기 때문에 되도록 데스크탑에 저장 하는 것을 권장한다. 부득이 온라인 Live HR에 참여하지 못한 학습자가 있다면, 기록을 해둔 Zoom 영상 중 강의 내용만 일부 편집하여 공유할 수 있다.

소회의실

Zoom만의 강점 중의 하나가 바로 '소회의실' 이다. 기타 온라인 화상 도구 사용시 별도의 회의실로 분리가 되었다가 다시금 초대를 해서 참가자를 모아야 하는데, Zoom의 소회의실은 그럴 필요가 없다. 참가자를 필요한 만큼의 소회의실에 자동으로 배정해서 회의를 진행할 수 있으며, 각각의 소회의실 별로 해당 참가자를 분리해서도 진행이 가능하다. 그리고 Zoom PD는 호스트가 되어 각각의 소회의실을 자유롭게 참여할 수 있다. 마치 오프라인 교육 시 30명의 학습자를 한 강의실에서 교육한 후에 소그룹 미팅을 위해 5명씩 6개의 강의실로 나누어 진행하는 것과 같다. 이때 강사는 각각의 강의장의 문을 열고 회의에 참여할 수 있다. 마찬가지로 Zoom 소회의실 운영 시 각각의 Zoom 소회의실을 자유롭게 오가가며 진행을 도와줄 수 있다. 그리고 소회의실 회의를 종료하면 동시에 원래의 Zoom 회의실에 모든 참가자가 자동으로 모이게 된다. 이때 소회의실에서 Zoom 회의실에 모이는 시간도 설정이 가능하다. 왜냐하면 소회의실의 상황이 제대로 파악되지 않은 상황에서 소회의실을 종료하게 되면, 마무리가 되지 않은 소회의실에서는 매우 당황할 수 있다. 때문에 소회의실을 닫는 시간을 설정하고 종료하게 되면 '모든 참가자는 3분 내에 소회의실에서 나가야 합니다' 라고 사전에 안내를 하여 각 소회의실의 회의를 마무리 하는 시간을 주는 것이다.

'소회의실' 사용은 매우 주의해야 한다. 참여자의 수준이나 상황에 따라서 자칫 Zoom의 소회의실 사용은 '폭망'의 지름길이 될 수 있다. 서로 간에 익숙한 얼굴인 경우 장난스럽게 회의실이 운영될 수 있다. 서로 간에 익숙한 얼굴이 아니라면 그저 침묵만 흐를 수 있다. 때문에 소회의실의 안정적 운영을 위해서는 별도의 진행자가 투입이 되어야 한다. 회의에 진행이 익숙한 진행자의 배치가 필요하다. 이렇게만 운영된다면 생각 이상의 회의 진행과 결과가 도출 될 수 있다. 현실적으로 이러한 진행자 배치가 어렵다면, 소회의실 배치 전에 각 소회의실 별로 미리 진행자를 선정한 후 진행자의 역할과 회의 주제를 명확히 하고, 회의 결과 역시 기대하는 수준의 정도를 조율해야만 한다. 이러한 준비 없이 Zoom의 소회의실 사용은 지양하길 바란다. 분명 '폭망'하기 때문이다.

반응

참여자의 반응을 손쉽게 파악할 수 있는 기능이다. 또한 학습자가 제대로 참여하고 있는지를 짧은 시간에 파악할 수 있는 방법이기도 하다. 잊으면 안되는 것이 온라인 Live HR은 쌍방향 소통을 기본으로 한다는 전제를 가지고 있어야 한다. 온라인상에서의 학습자 집중도는 15분에 불과하다. 이후 시간부터는 짧게라도 참여자들이 생각을 하게 하거나 단순 참여를 유도해야 몰입도가 떨어지지 않는다. 지속적으로 몰입하게 하기 위해서는 Zoom의 '반응'을 활용하거나, 별도의 설문 참여를 통해 참여자의 생각이나 의견을 제시할 수 있는 소통 분위기를 만들어 주어야 한다. 다양한 설문 방식을 통해 참여도를 높이는 방법 중에 하는 구글 설문이다. 설문 방식을 다양하게 활용할 수 있고, 설문 결과를 구글 스프레드시트로 변환해서 활용하면 참여자를 대상으로 한 다양한 진단을 진행할 수 있기 때문에 매우 유용하다. 이러한 참여 Tool에 대해서는 별도의 Live 6장에서 다루고 있다.

더 보기

Zoom의 화면 크기에 따라 이전엔 보였던 기능이 사라지는 경우가 있다. 사라진 기능은 '더 보기'에 숨어 있다. 새롭게 사용하는 IT도구의 공통점은 일단 사용법을 알고 나면 매우 쉽다. 대부분 그 사용법이 매우 단순하기 때문이다. 잘 모르는 기능도 단 3초만 설명을 들어도 해결되는 경우가 많다. 그러나 문제는 숙달을 해야 하는 기능이다 보니, 자주 사용하지 않으면 생각이 나질 않는다. 만약 온라인 Live HR 운영의 중요한 기능 순간 생각나지 않는 다면, 그 순간 그냥 '폭망' 하는 것이다. 어떠한 대처도 할 수 없기 때문이다. 방법은 한 가지다. 여러번 반복해서 사용법을 익혀야 한다. 특히 온라인 Live HR을 운영하는 시점에서는 전체 과정 운영을 위한 시뮬레이션은 반드시 해야 한다. 이미 알고 있겠지만 온라인 Live HR은 라이브로 진행되는 생방송이다. 문제가 발생했을 때 대처하기란 쉽지 않다. 이미 방송 사고가 터진 것과 같다. 때문에 온라인 Live HR 진행 전에 철저한 준비와 시뮬레이션을 해야만 한다. Zoom을 활용함에 있어서 참가자, 채팅, 기록 등의 조작은 자주 사용된다. 그런데 어느 순간 이 부분이 화면에서 사라지면 당황하게 된다. 대부분 Live에서 발생하는 문제는 예고편 없이 순간적으로 발생한다. 그러다 보니 순간 당황할 수 밖에 없다. 사실 여러 번 당황하게 되면 각인이 되어 당황하는 횟수가 줄기는 하지만, 피해는 고스란히 참여자에게 돌아간다. 때문에 책임감을 가지고 Zoom 활용법을 충분히 연습을 해야 한다. '더 보기' Zoom 화면을 줄여보면서 확인해 보기 바란다.

Zoom은 실시간 스트리밍 영상 전송이 가능하다. 유튜브와 페이스북에 손쉽게 전송이 가능하며 이는 Zoom의 고급기능에서 설정할 수 있다. Zoom의 화면이 라이브로 스트리밍 하는데 걸리는 시간은 10초 내외가 소요된다.

보안

참가자를 손쉽게 컨트롤 할 수 있는 기능들이 모여 있다. 대기실 사용여부, 채팅, 참가자 스스로 이름 바꾸기, 참가자 스스로 음소거 해제 등의 기능이 모여 있어서 참가자 컨트롤이 조금은 수월하다. 하지만 Zoom 사용의 초기라면 좀 더 익숙한 후에 사용하는 것을 권한다. 초기부터 보안에 있는 기능사용에 집중하다 보면 실수를 하게 되는 경우가 빈번하게 발생 할 수 있기 때문이다. 온라인 Live HR은 기본적으로 참가자 확인과 참가자별 대응 및 채팅 상황을 항상 점검을 해야 문제 발생상황을 줄이고, 즉시에 대응이 가능하다. 때문에 보안에 있는 기능은 직접적인 활용 보다는 확인 및 점검 차원에서 활용하는 것을 권장한다.

ⓘ 회의 정보

Zoom 회의실 운영을 위한 기본 정보가 있다. 가장 기본은 회의 ID와 초대 링크이다. 회의 ID는
11개의 숫자로 구성되어 있다. 참가자는 Zoom 회의실에 참여하기 위해서는 Zoom 회의 ID(예,
983 5946 3976)만 입력하면 쉽게 참여할 수 있다. 보안을 강화하기 위해서는 Zoom 고급설정
에서 별도 패스워드를 설정하면 된다. 초대 링크(예, https://zoom.us/j/98359463976)는 참가
자가 좀 더 쉽게 Zoom 회의실에 입장 할 수 있다. 한번의 클릭만으로 접속이 가능하기 때문이
다. 예시로 보여준 초대 링크는 '비밀번호가 포함된 Zoom 초대장' 이다. 링크 주소가 간단하고,
뒤에 있는 숫자가 바로 Zoom 회의 ID이다. 참가자는 핸드폰 접속 시 Zoom초대장을 클릭하면 별
도의 Zoom 앱을 설치하지 않고도 Zoom 회의실에 입장 할 수 있다. PC로 접속하는 경우는 단계
적으로 Zoom 앱 설치를 안내하기 때문에 누구라도 손쉽게 Zoom 회의실 접속이 가능하다. 물
론 학습자는 Zoom 회의실 참여를 위해 별도의 회원가입을 하지 않고도 참여할 수 있다. 이와 같
이 '접근성'이 좋다는 것은 온라인 Live HR을 운영하는 입장에서는 일일이 참가자를 대응하지
않아도 Zoom 초대장만 공유하면 참가자는 손쉽게 Zoom 회의실에 입장이 가능하다는 것을 의
미한다. Zoom 사용이 편리한 이유 중 하나다.

Zoom 설정은 매번 조작하는 것이 아니기 때문에 한 번만 해두면 된다. 필자가 그 동안 Zoom을 활용한 온라인 Live HR 운영 시 찾아낸 최적의 설정이므로 참고를 하기 바란다. Zoom의 기본 설정은 음소거 및 비디오 옆에 있는 화살표를 클릭하거나 ⓘ옆의 보안 이미지를 클릭하면 된다. Zoom 설정은 일반, 비디오, 오디오, 화면공유, 배경 및 필터, 녹화, 프로필, 접근성 등이며 이들 8가지에 대해 핵심만 설명하고자 한다. 각각의 세부 설정을 설명하게 되면 필요이상으로 내용이 너무 많아지고 이해하기에 더 복잡해지기 때문이다. 핵심기능 설명 이외의 것은 화면에 보이는 것을 참고하여 직접 설정해 보기 바란다.

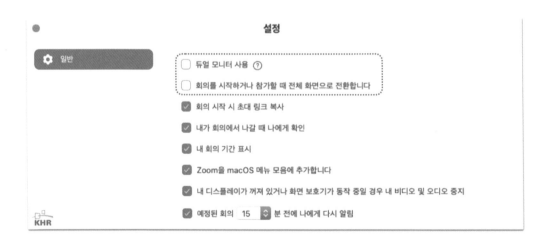

'듀얼 모니터 사용'과 '회의를 시작할 때 전체 화면으로 전환합니다'는 체크하지 않는다. 듀얼 모니터 사용을 체크하게 되면 PC 또는 노트북의 화면이 참가자에게 여과 없이 동시에 보여지기 때문에 온라인 Live HR 운영에는 적합하지 않다. '회의를 시작할 때 전체 화면으로 전환합니다'를 체크하게 되면, PC나 노트북 화면 전체가 Zoom 화면으로 채워지기 때문에 보기에는 좋을 수 있으나 Zoom PD나 참가자가 필요에 의해 화면 조작을 할 경우 관련 기능들이 제대로 보이지 않아, 진행 또는 Zoom 참여시 오류가 생길 수 있기 때문에 권장하지 않는다.

'회의 시작 시 초대 링크 복사'는 체크 되어 있으나, Zoom 초대장은 회의 개실 시 마다 초대 링크를 확인 후 복사를 하는 것이 Zoom 활용 시 오류를 줄일 수 있다.

비디오

비디오 설정에는 '내 모습 수정 필터'가 있어서, 얼굴의 잡티를 조금은 가릴 수 있다. 하지만 필터를 너무 강하게 사용하면 눈빛과 얼굴 윤곽 전체가 흐려지기 때문에 적정 수준을 확인하며 사용하는 것이 좋다. '참가자 비디오에 참가자 이름 항상 표시'는 필수로 체크하는 것이 좋다. 비디오 화면상에서 참가자를 확인해야 하는 경우가 대부분이기 때문이다. '회의에 참가할 때 내 비디오 끄기'는 Zoom 운영 시 오류를 줄이기 위함이다. '말할 때 내 비디오 추천'은 비디오가 병렬로 배치될 경우 누가 이야기 하는지를 바로바로 알게 해줄 뿐만 아니라, 화면 공유를 통해 강의 및 행사 진행시 강사나 진행자의 비디오 화면이 보여지도록 하기 위함이다. 그리고 Zoom 비디오는 기본적으로 갤러리 보기에서 화면당 참가자 24명을 볼 수 있으나, '갤러리 보기에서 화면당 참가자 최대 49명 표시'를 클릭하게 되면 보다 많은 인원의 참가자를 한 화면에 볼 수 있어서 이 기능을 활용하는 것을 권한다.

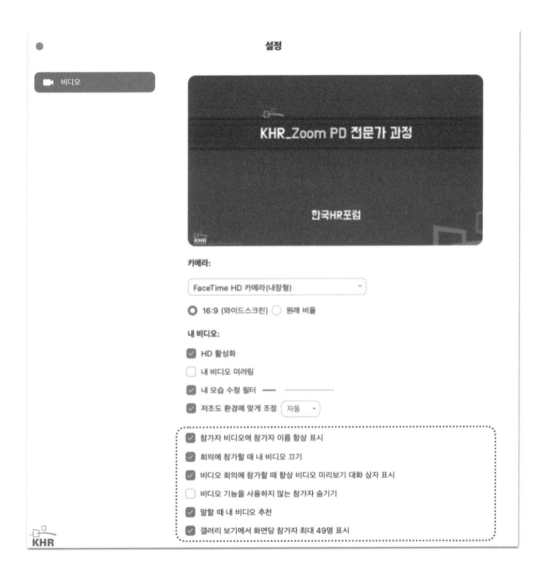

오디오

'회의에 참여할 때 컴퓨터 오디오로 자동 참여'를 체크하지 않으면 Zoom을 실행할 때마다 묻기 에 귀찮음 방지를 위해 필수로 체크하는 것이 좋다. '회의에 참가할 때 내 마이크 음소거'도 Zoom 사용 시 오류를 줄이기 위해서 기본적으로 음소거를 체크해 두고, 상황에 따라 'Space 키를 길게 음소거를 일시적으로 해제합니다'를 체크하고, 말을 할 때만 'Space 키'를 눌러서 이야 기 하는 방법도 있다. 하지만 필자의 경우는 조금은 불편한 감이 있어서 사용하지는 않는다.

화면 공유

'화면 공유' 설정 시 '참가자가 화면을 공유할 때 전체 화면으로 전환합니다'는 체크 하지 않는다. 화면 공유 시 참가자에게 Zoom 진행 상황이 전체 화면으로 보여지는 것은 좋으나, 상황에 따라 참가자도 별도 화면을 접근하는 경우가 있는데, 이때 일부 참가자가 조작의 어려움을 겪는 경우가 있다. 이러한 경우 Zoom 진행에 애로사항이 발생 할 수 있기 때문에 '참가자가 화면을 공유할 때 전체 화면으로 전환합니다'는 체크하지 않는 것이 좋다.

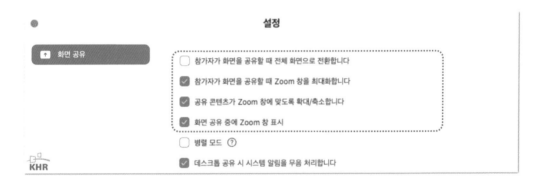

배경 및 필터

'배경 및 필터'의 설정은 여러 가지로 유용하게 활용할 수 있다. 이미지를 바꾸는 방법은 '+버튼'을 클릭해서 원하는 이미지로 배경을 바꿀 수 있다. 이때 배경 이미지를 사용할 때 행사와 관련 있는 표지나 교육과정의 제목을 이미지로 만들어 사용하면 비디오 화면 관련 행사 등의 주제가 노출되기 때문에 유용하게 사용할 수 있다. 또한 온라인 Live HR 운영 시 교육과정 단계별 모듈을 이미지로 만들어 비디오 배경화면으로 사용하게 되면 핵심 내용을 지속적으로 노출 할 수 있기 때문에 참가자에 도움이 된다. '녹색 스크린을 사용합니다'를 체크하게 되면 배경이미지   사용 시 얼굴의 윤곽이 제대로 보여지지 않기 때문에 이 부분은 주의해서 사용해야 한다.

이 기능을 모르고 체크하게 되면, 얼굴이 일그러지는 상태에서 강의를 진행하는 경우가 생기기 때문이다. 간단한 조작이지만 사용법을 모르거나 잠시 사용법이 생각나지 않은 경우, 강사는 당황하며 얼굴이 일그러진 상태로 계속 강의를 진행하는 경우가 발생하기 때문이다. Zoom 사용 초기에는 빈번하게 실수 하는 것 중 하나이기 때문에 주의 깊게 그 사용법을 알아두기 바란다.

녹화

Zoom 운영 시 녹화 여부는 선택 할 수 있으며, Zoom을 종료하면 저장을 할 수 있는데 이때 저장 위치를 데스크탑 또는 클라우드를 지정하여 저장할 수 있다. 용량이 많이 차기 하기 때문에 클라우드에 저장하기 보다 데스크탑에 저장하는 것을 권장한다. 그리고 Zoom의 사용이 잦은 경우라면 저장된 비디오는 정기적으로 삭제 하거나 중요 내용은 별도 외장하드에 보관하여 PC 저장공간을 관리해야 한다.

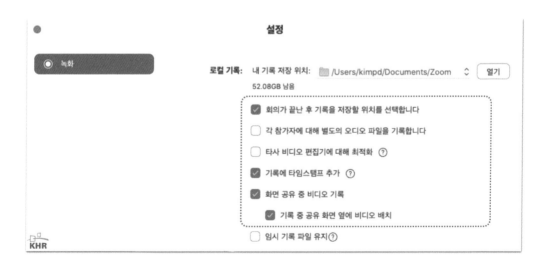

프로필

프로필은 사용하지 않으면 비디오를 끌 경우 설정한 이름만 보여 지는데, 프로필 설정 시 행사명이나 과정 명 등 관련 이미지를 사용하여 프로필을 사용하게 되면, '비디오 중지' 시 관련 이미지가 보여지기 때문에 온라인 Live HR 운영 시 유용하게 활용할 수 있는 기능이다. 행사명이나 과정명을 띄울 수도 있고, 핵심 키워드 등 띄우고자 하는 메시지가 보여지도록 하는데 유용하게 활용할 수 있다.

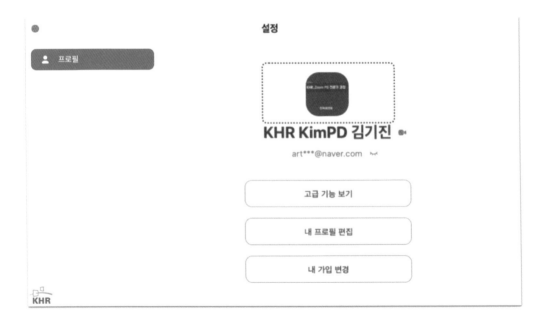

접근성

'회의 컨트롤 항상 표시'는 Zoom 사용에 익숙하지 않은 경우라면 필수로 체크를 해두어야 한다. Zoom을 사용하다 보면 Zoom의 사용 기능이 화면상에서 항상 띄워진 상태로 있어야 필요한 기능을 바로바로 사용하거나 긴급 대응의 돌발 상황 발생 시 곧바로 문제를 해결할 수 있다. 그런데 '회의 컨트롤 항상 표시'를 체크해 두지 않으면 회의 컨트롤 기능이 숨은 기능이 되어 커서를 해당 위치에 움직일 경우만 보여 지기 때문에 Zoom 사용이 익숙하지 않은 사용자라면 당황하게 되는 경우가 많다. 그렇기 때문에 당분간은 '회의 컨트롤 항상 표시'는 반드시 체크해 둘 것을 권한다.

3-4 | Zoom이 된다

$Zoom$ 을 활용한 온라인 Live HR 운영의 방법은 간단하다. Zoom 앱을 클릭한 후 Zoom 초대장 만들고, 참가자에게 Zoom 초대장 공유하고, 참가자가 입장하면 Zoom 운영을 하면 된다. 이렇게 5단계의 순서에 따라 연습만 하면 누구라도 'Zoom이 된다'. Zoom 초대장을 만들려면 일단 회원가입부터 해야 한다. 참가자는 별도의 Zoom 회원 가입을 하지 않아도 참여가 가능하지만, Zoom 초대장을 만들기 위해서는 Zoom 회원 가입은 필수다. Zoom 회원가입은 'zoom.us'에 접속하여 회원가입을 하면 되며, 무료로 사용가능하다. 하지만, 무료회원의 Zoom 사용시간은 40분으로 한정되어 있기 때문이다. Zoom PD가 되어 온라인 Live HR을 운영하려면 유료 회원 등록은 필수이다. 그 외 Zoom 무료회원과 유료 회원의 사용기능의 차이가 많이 나기 때문에 Zoom을 활용한 온라인 Live HR 운영 시 Zoom의 유료회원 가입 후 Zoom을 사용하기 바란다.

Zoom 회원가입 후 첫 번째 Zoom 회의를 시작하거나 회의에 참석하면 웹 브라우저 클라이언트가 자동으로 다운로드를 시작하게 되는데 만약, 이러한 절차가 순조롭지 않다면 수동으로 다운로드 하면 된다. Zoom 홈페이지 접속 후 하단의 '다운로드' 목록 중에서 '회의 클라이언트' 를 클릭한 후 '회의용 Zoom 클라이언트'를 다운로드 하면 하면 된다.

이제 Zoom을 활용한 온라인 Live HR을 직접 운영해 보자. 1단계는 Zoom 앱을 클릭하면 된다. 주황색 버튼이 눈에 들어올 것이다. '새 회의'를 시작하는 버튼이다. 2단계는 이 주황색 버튼을 클릭해서 Zoom 비디오 화면을 연다. 3단계는 Zoom 비디오 화면의 왼쪽 상단에 있는 'ⓘ'를 클릭하여 Zoom 초대 링크를 복사하는 것이다. 4단계는 참가자에게 Zoom 초대장을 보내는 것이다. 참가자에게 Zoom 초대장을 보내기 위해서는 기본적으로 참가자의 이메일과 핸드폰 번호는 필수로 확보하고 있어야 온라인 Live HR 운영이 원활하다. 5단계는 참가자가 Zoom 입장만 하면 되는데 이때 부터는 Zoom 사용에 긴장을 할 필요가 있다.

Zoom 운영 시 기본적으로 '대기실 사용'을 하고 있기 때문에 참가자가 Zoom 초대장을 받고, Zoom에 접속하게 되면 'Zoom 대기실'에 머물게 된다. Zoom 대기실에 입실한 참가자 명단은 Zoom 화면 아래의 '참가자'를 클릭하면 Zoom 화면의 왼쪽 화면에서 참가자의 명단을 확인할 수 있다. 온라인 Live HR 운영 시간이 되면 Zoom 대기실에서 대기하고 있는 참가자를 '모두 수락'을 클릭하여 모든 참가자가 Zoom 회의실에 입장 할 수 있도록 하면 된다. 이때 반드시 실행해야 할 것은 '대기실 사용'을 비활성화 하는 것이다. 체크가 되어 있는 '대기실 사용'을 클릭해서 대기실 사용을 해제하면 된다. 만약 '대기실 사용'을 활성으로 하게 되면, 뒤늦게 Zoom에 접속한 참가자는 수동으로 Zoom 입장 승인을 해주지 않는 이상 Zoom에 입장하지 못하고 Zoom 대기실만 머물다 퇴장하는 문제가 발생한다. 실제로 온라인 Live HR 운영 시 빈번하게 발생하는 돌발사고 중에 하나가 '대기실 사용'이다. Zoom을 운영하는 PD는 반드시 챙겨야 할 기능이다. Zoom 대기실의 참가자를 '모두 수락'을 클릭하여 입장 시켰다면 곧바로 해야 할 것은 '대기실 사용' 비활성회 이다. 잊어서는 안 된다.

온라인 Live HR의 안정적 운영을 위해서는 기본적인 필수 장비를 갖추어야 한다. Zoom PD는 기본적으로 노트북 또는 PC를 준비하고, 듀얼 모니터는 필수로 연결해야 한다. 듀얼 모니터 용도는 참가자가 보여지는 화면으로 고정해서 사용하기 위함이다. 참가자가 보는 화면에 PC 조작의 동선이 그대로 노출되게 되면 참가자의 몰입도가 저하되기 때문이다. 또 한 가지 준비 사항은 스마트 폰이다. 스마트 폰의 용도는 참가자에게 보여지는 화면이 무엇인지를 모니터링 하기 위함이다. 온라인 Live HR 운영 시 자주 발생하는 문제 중 하나는 바로 '공유 화면' 이다. Zoom 화면에 참가자의 비디오가 보여지는 경우와 행사 및 강의를 진행하는 경우에 관련 자료를 참가자 들이 볼 수 있도록 하는 과정에 Zoom의 '화면 공유' 기능을 사용한다.

노트북 &
듀얼 모니터 &
스마트 폰

이 기능을 사용하다 보면 자주 들리는 클레임은 '강사님 강의 슬라이드가 보이지 않습니다.' 이다. Zoom 화면에 참가자의 비디오를 보며 이야기 한 후 깜박하고 강의 슬라이드를 '화면 공유'를 하지 않고 강의를 진행해 버리는 경우가 자주 발생한다. 이러한 실수를 방지하기 위해서는 자신의 스마트 폰으로도 Zoom에 접속하여 참가자들에게 보여 지는 화면을 반복적으로 확인하면서 온라인 Live HR을 진행하면 된다.

Live
4장

돌발사고 대응하기

Zoom을 활용한 온라인 Live HR은 온라인 생방송으로 진행되기 때문에 단순한 실수라 하더라도 참가자 입장에서 보면 치명적인 결과를 초래하는 경우가 많다. 더욱 신경 쓰이는 것은 이러한 실수가 빈번하게 발생할 가능성이 높다. 보다 철저한 연습과 시뮬레이션 그리고 온라인 Live HR을 운영하는 내내 진행 상황을 모니터링을 해야만 한다. 발생되는 문제는 빠르게 찾아내야 하고, 즉시에 해결되어야 안정적인 온라인 Live HR 운영을 기대할 수 있다.

4-1 대기실 사용 돌발사고

교수님
수업은 언제 시작하나요?

2시간 전에 이미 온라인 Live HR이 진행되고 있는데, 강의가 거의 끝나가는 시점에 Zoom 채팅 방을 확인 한 경우다. 강의 시작 전에 Zoom 대기실에 있는 참가자를 동시에 '모두 수락'을 하여 입장 시킨 후 강의를 진행하는 상황에 벌어지는 일이다. 강의 시간이 되어 참가자를 '모두 수락'을 한 후에는 반드시 '대기실 사용'을 비활성화로 해야 하는데, 1초 밖에 걸리지 않은 것을 깜박하고 실행하지 않았기 때문이다. 참가자 입장에서는 행사에 참여하지 못한다거나 학교 수업에 출석을 하지 못하는 상황이 벌어지기 때문에 결과적으로 문제가 심각해질 수 있다. 습관적으로 챙겨야 한다.

4-2 음 소거 돌발사고

온라인 Live HR을 시작할 시점에는 거의 문제가 발생하지 않지만, Live HR을 진행하는 동안 집중력이 떨어지거나 착각을 하여 종종 발생하는 돌발 사고이다. 강사가 강의를 진행하는 과정에 쉬는 시간을 갖다보면, 순간 음 소거를 한 것으로 착각하는 경우가 발생하곤 한다. 음소거를 하지 않고 옆 사람에게 '이런, 이번 교육생들은 태도가 너무 불량해, 기본이 안 된 친구들이 너무 많아' 라고 이야기 한 것이 여과 없이 참가자들에게 들리는 경우가 생긴다. 단순 실수지만 교육은 이미 망한 것이다. 때문에 기기 조작을 떠나서 어떠한 경우라도 부정적인 이야기를 하는 것은 조심해야 한다. 단 한 번의 실수가 대형 사고가 될 수 있기 때문이다. 참가자도 마찬가지의 경우가 발생한다. 그렇게 때문에 온라인 Live HR 운영 시 사전에 '음소거' 사용에 충분히 주의를 주어야 한다. 또한 참가자 인원이 많은 경우 여러가지 변수가 생길 수 있기 때문에 온라인 Live HR 운영자는 발생할 수 있는 돌발 상황에 언제든지 빠르게 대응할 수 있도록 준비를 하고 있어야 한다. 참가자로 인해 음소거 문제가 발생하면 곧바로 참가자의 '모두 음소거'를 실행하여 참가자의 마이크 소리가 들리지 않도록 차단해야 한다.

4-3 │ 비디오 돌발사고

비디오 사용으로 인한 돌발사고는 음소거 사용에 비해 많지는 않지만 주의 해야 할 기능 중에 하나다. 특히 여성의 경우 비디오를 중지한 줄로 착각하고 보여 져서는 안되는 행동이 여과 없이 모든 참가자에게 보여질 수 있기 때문에 특히 주의해야 한다. 참가자는 비디오에 자신의 사무실이나 집 환경이 노출되는 것에 부담을 가질 수 있기 때문에 사전에 '가상 배경' 사용법을 안내하는 것도 좋다. 만약, 사전 안내가 어렵다면 온라인 Live HR 오프닝 과정에 '가상 배경' 사용법을 설명하며 직접 배경을 바꾸어 볼 수 있도록 안내를 하면서 참가자의 참여를 유도하는 것도 좋은 방법이다.

4-4 │ 화면 공유 돌발사고

온라인 Live HR 운영 시 가장 연습을 많이 해야 하는 기능 중에 하나다. 짧은 시간의 전달식 회의나 강의라면 큰 문제는 없지만, 강의 슬라이드를 비롯하여 여러 가지 자료 공유를 통한 행사나 강의의 경우는 화면 공유를 자주 사용하기 때문에 충분한 연습이 필요하다. 화면 공유 시 보여지는 여러 가지 번잡스런 조작은 참가자로 하여금 참여도나 기대감을 떨어뜨리기 때문이다. 화면 공유의 대상이 무엇인지 꼼꼼히 체크하여 Zoom 오픈 전에 미리 화면에 띄우고, 참가자에게는 어떠한 방식으로 보여줄 것인지 동선을 명확히 한 후에 조작 연습을 해야 한다. 이러한 조작법이 충분히 숙달 되지 않으면, 내용에 충실하기 보다는 Zoom 운영 내내 조작 순서에 신경이 쓰일 수밖에 없다. 결국 참가자를 몰입시켜야 하는 에너지가 분산되어 만족스런 온라인 Live HR 진행은 기대하기 어렵다.

4-5 공유 일시 중지 돌발사고

간단 하지만 깜빡하면 온라인 Live HR은 폭망한다. 참가자에게 좀 더 리얼한 화면을 제공해 줄 수 있는 기능이긴 하지만 순간 '착각'하면, 대형사고가 발생한다. '화면 공유'를 실행하게 되면 확인되는 기능이 '공유 일시 중지' 이다. 화면이 일시 중기 되기 때문에 참가자는 중지된 화면만 볼 수 있어서, 이후 화면은 보이지 않는다. 때문에 화면조작을 자유롭게 할 수 있어서, 필요한 내용을 미리 띄워 보거나, 재점검을 할 수 있다. 또한 행사 내용의 변경이나 강의 장표를 일부 수정할 경우에도 사용할 수 있다. 하지만 문제는 이 순간에 발생한다. 다음 진행을 위해서는 '공유 일시 중지'를 해제해야 하는데 이 부분을 놓치고서 그냥 진행을 해버리는 경우가 발생한다. 만약 중요한 장표를 참가자에게 공유해야만 했던 상황이라면 어찌될까? 더구나 설명한지 15분이 지나서야 이 상황을 알게 되었다면 어찌해야 될까? 이러한 돌발사고는 절대 일어나서는 안 된다. 단 1초 만에 벌어지는 사고이지만, 결과는 매우 난감한 상황이 된다. 절대 발생되지 않도록 주의해야 한다. 그래서 충분한 연습이 필요하다. 앞서 이야기 했지만 '스마트 폰'의 활용은 매우 중요하다. 참가자에게 보여 지는 Zoom 화면을 수시로 확인하면서 온라인 Live HR을 진행해야 한다. 그리고 습관적으로 스마트 폰을 확인해야 한다. Zoom 기능은 사용하는 순간 각각의 기능마다 돌발상황을 안고 있기 때문에 반복적으로 신경을 써야 한다. 때문에 Zoom 기능을 사용할 때마다 필요한 대응을 반드시 해야 하지만 순간의 실수는 늘 발생할 여지가 있기 때문에 습관적으로 스마트 폰의 Zoom 화면을 보면서 참가자에 보여 지는 화면을 수시로 체크해야 한다.

Live

5장

온라인 Live HR 운영 프로세스

쌍방향으로 진행되는 온라인 Live HR은 기존 오프라인의 행사나 교육과는 그 차원이 완전히 다르다는 것을 다수의 기업에서 경험하고 있다. 참가자의 몰입도는 물론 효율성과 효과성 측면에서 기존의 오프라인 방식과는 전혀 다른 수준의 결과를 기대할 수 있기 때문이다. 이러한 수준의 온라인 Live HR이 운영되기 위해서는 그 준비와 운영 스킬에 있어서 높은 전문성을 요구된다. 무엇보다 온라인 Live HR은 안정적 운영이 핵심이다. 사전에 준비할 것과 직전에 준비할 것 그리고 운영상에 지속적으로 점검해야 할 것들에 대해 철저한 연습이 필요하다.

온라인 Live HR 운영 시 기대하는 수준의 결과를 만들어 내기 위해서는 철저한 준비와 연습을 반복해야 가능하다. 온라인 Live HR은 TV방송 프로그램을 생방송으로 진행하는 것과도 유사하다. 하지만 한 가지 더 강조하자면 TV 생방송은 대부분 실시간으로 전달만 하면 되지만 '온라인 Live HR'은 쌍방향으로 진행되기 때문에 진행상에서 발생하는 실수뿐만 아니라, 참가자에 의해 예측하지 못하는 돌발 상황까지 즉시 대응을 해야만 하는 경우가 많다. '생방송' 진행시 단순 실수만으로도 대형사고가 된다는 것만 생각해도 온라인상에서 실시간 쌍방향으로 진행되는 '온라인 Live HR'이 얼마나 치밀하고 철저하게 준비해야만 하는지 알 수 있다. 결국 핵심은 '안정적 운영' 에 있다. '온라인 Live HR'을 보다 안정적으로 운영하기 위해서는 3가지에 대해 철저한 준비와 연습이 필요하다. 사전 & 직전 준비와 반복적인 운영점검이다.

사전-직전-운영-결과

'온라인 Live HR'은 시간적 여유를 두고, 각 단계별로 치밀한 준비와 재확인을 하며 반복된 연습과정이 수반되어야 '안정적 운영'을 기대할 수 있다. 다음은 '온라인 Live HR'을 보다 안정적으로 운영하기 위한 각 단계별 체크리스트이다. 준비항목을 반드시 체크하고, 항목에 따라서는 충분한 연습을 통해 익숙해지도록 해야 한다.

5-1 사전 준비 체크리스트

온라인 Live HR 운영은 오프라인 교육 운영과는 완전히 다르다. 일단 '온라인 Live HR'이 진행되면, 사소한 것일지라도 교육 중간에 준비하는 것이 쉽지 않다. 그야말로 라이브로 진행되기 때문에 오프라인 교육처럼 교육을 준비해서 진행하면 당황하는 정도가 아니라 '폭망' 하고 만다. 그래서 철저한 준비와 시뮬레이션을 충분히 해야 하며, 반복적으로 운영 연습을 하는 동안 추가적인 문제점을 발견하고 미리 대응할 수 있는 스킬을 키울 수 있다.

사전 준비 체크리스트는 '온라인 Live HR' 운영에 있어서 필수적으로 준비해야 한다. 앞서 이야기한 바와 같이 온라인 Live가 진행되면 여유가 없기 때문에 문제가 발생하면 곧바로 대응하기 어렵기 때문이다. 사소한 실수라 하더라도 학습자들은 화면만 보고 눈만 꿈뻑꿈뻑 답답하게 비디오 화면만 쳐다보며 기다리고 있어야 한다. 이러한 문제점이 발생되지 않도록 '온라인 Live HR' 운영 시 사전에 준비할 기본 항목 8가지가 있다. 각각의 특징과 준비 요령에 대해 설명하고자 한다.

우선 준비해야 할 것은 '과정 안내문'과 '강의 슬라이드' 이다. 이 두 가지는 교육 시작 전에는 수정사항이 없도록 최종 확인해서 미리 준비해 두어야 한다. 교육 시간이나 일정이 변경되면 바로바로 적용해서 과정 안내문은 오류가 없도록 철저하게 확인해야 한다. 안내문의 주제나 내용 특히 일정에 오류가 생기게 되면 온라인상에서는 이를 수습하기가 쉽지 않기 때문이다. 강의 슬라이드도 마찬가지다. 오프라인 교육 진행의 경우 조별 토의 등 교육 진행에 따른 여유 시간이 어느 정도는 확보가 되기 때문에 교육 중간에라도 강의 슬라이드를 학습자 니즈에 맞게 어느 정도는 내용을 수정하여 반영할 수 있다. 하지만 '온라인 Live HR' 운영에 있어서는 그러한 여유 시간이 없기 때문에 오프라인 과정을 운영할 때 보다, 사전에 철저하게 교육생 니즈와 내용을 확인하고 강의 슬라이드를 준비해야 한다. 이렇게 준비된 강의 슬라이드는 온라인 Live HR을 운영하는데 무리가 없도록 '온라인 Live 과정 재설계'를 하여 학습자들이 지루해 하지 않도록 해야 한다.

'설문'은 강사와 학습자간의 매우 중요한 소통 도구로 3가지의 설문을 사용한다. 일반적으로 교육 과정 운영 시 활용되는 설문은 평가를 목적으로 하는 경우가 많다. 그러나 설문의 정의를 조금 달리 해보면 이해가 쉽니다. '설문은 학습의 과정이다' 라고 정의하는 것이다. 그렇게 되면, 어떻게 설문 문항을 개발하면 될지 간단하다. 온라인 Live HR의 참여도를 이끌어 내는 오프닝 설문과 교육 중간에 학습자의 관심도를 이끌어 내는 '참여식 학습 설문' 이 있다. 그리고 마지막으로 학습참여에 따른 지식습득(Fact)과 본인의 주도적인 생각(Think)을 이끌어내고, 성과창출을 위한 실행 계획(Plan)을 수립하도록 하는 'FTP 학습 설문' 이다.

설문은 학습의 과정이다

'오프닝 설문'은 교육 참여 전에 개인별 관심사와 기대사항을 묻다. 온라인상에서 오픈되는 과정의 시작은 좀더 달라야 한다. 오프라인 교육 진행시 오프닝으로 30분간 진행되는 아이스 브레이킹(Ice Breaking)은 학습자들이 보다 적극적으로 교육에 참여 할 수 있도록 하고, 상호간 어색한 분위기를 풀어주기 위함이다. 이러한 과정을 거치면 자신의 의견을 말하거나, 교육에 좀 더 적극적인 참여를 기대할 수 있기 때문이다. 반면 온라인 Live HR의 오프닝은 어떠할까? 오프라인 교육 진행과는 상황이 다르기 때문에 접근방법이 달라야 한다. 앞서 강조한 바와 같이 온라인 Live HR의 특징 중 하나는 '1 대 1' 이라는 사실을 잊어서는 안 된다. '1 대 1'은 몰입을 쉽게 이끌어 내는 데 장점이 있지만, 반대로 온라인상에서 이탈되는 위험성은 매우 높다. 때문에 온라인 Live HR에 참여하기 전부터 관심을 유발시켜야 한다. 그러기 위한 방법이 바로 '오프닝 설문'이다. 오프닝 설문의 구성은 참여자에 대해 공개할 수 있는 수준의 개인정보와 온라인 Live HR 주제와 관련하여 보유하고 있는 지식 등을 가볍게 설문하는 것이다. 특히 교육 참여 전에 온라인 Live HR 참여에 따른 기대감 등의 설문 항목을 추가하는 것도 좋다. 이렇게 함으로써 온라인 Live HR 참여 전에 스스로의 수준 점검과 관심의 정도를 미리 고민하도록 하여 보다 적극적인 참여를 유도하는데 그 핵심이 있다.

[온라인 Live HR 사전 준비 체크리스트]

구분	준비 사항	세부 내용
1	과정 안내문	교육 및 행사 상세 내용
2	강의 슬라이드	기존 과정을 온라인 Live 과정 재설 또는 신규 개발
3	오프닝 설문	학습자 니즈 파악, 기대 사항, 기타 정보 습득
4	참여식 학습설문	학습 몰입을 위한 참여식 설문
5	FTP 학습설문	과정 모듈별 FTP학습설문 및 과정 종료 시 FTP 클로징 설문
6	학습자 기본 정보	이름, 소속(팀), 이메일, 스마트폰 번호 (오픈 채팅방 또는 Zoom 초대장 발송에 활용)
7	오픈 채팅방 개설	오픈 채팅방 초대장(URL), 교육 및 행사 운영 세부 내용
8	오픈 채팅방 초대 문자	초대장 발송: 이메일 및 문자 발송(교육 및 행사 2~3일전)

'참여식 학습 설문'은 학습의 몰입도를 이끌어내는 데 매우 중요하게 사용된다. 교육 이후 지식 습득의 정도를 확인한다 거나, 질문을 유도하는데도 활용된다. 또는 게임 형태로 참여식 설문을 진행하는 방법도 있다. 확대형 질문이나, 한정형 질문기법을 활용해 설문 문항 개발 시 적절하게 사용하여 학습자의 관심을 유발 시키는 것이다.

'FTP 학습 설문'은 학습자들의 참여 정도에 따라 이전 교육과는 전혀 다른 수준의 교육 진행이 가능하다. 필자가 개발한 'FTP기법'은 기업에서도 컨설팅을 진행하고 있을 만큼 그 효과성이 증명된 기법이다. 'F'는 Fact, 'T'는 Think, 'P'는 Plan을 의미 한다. 학습자가 '온라인 Live HR' 참여를 통해 배운 내용의 핵심을 요약하는 것을 'Fact'라 한다. 'Think'는 요약된 Fact에 대한 생각이나 느낌을 작성하며, 마지막으로 'Plan'은 구체적으로 실행할 계획을 작성한다. 'FTP 학습 설문'의 응답 시간은 3분~5분정도 시간적 여유를 두고 응답하도록 한다. 중요한 것은 'FTP 피드백'이다. 응답 결과에 대한 피드백은 매우 중요한 스킬이기 때문에 별도의 학습 또는 코칭이 필요한 영역이다. 간단히 정리하자면, 'Fact 피드백'은 학습자가 응답한 내용에 대한 피드백으로 핵심 내용에 대해 다시금 강조하거나, 교육 내용에서 누락된 내용을 추가로 보완할 수 있다. 'Think 피드백'은 학습자의 생각이나 느낌에 대한 내용뿐만 아니라 다양한 관점을 공유할 수 있기 때문에 학습자 상호간에 '관점 전이' 효과를 기대할 수 있다. 'Plan 피드백'은 실행 계획에 대한 의지를 강화 하는 것으로 각자의 실행계획 공유를 통해 실행력을 높일 수 있다.

'학습자 기본 정보'는 기본적으로 이메일, 스마트폰 번호, 회사, 부서, 이름 등이다. 이메일과 스마트폰 번호는 '오픈 채팅방'에 학습자를 초대하거나 'Zoom 초대장' 발송 시 필수적으로 필요한 정보이다. 필자는 '온라인 Live HR' 운영 시 보내는 Zoom 초대장을 경우에 따라서는 이메일과 스마트 폰 그리고 카카오 톡의 오픈 채팅방에 공유하기도 한다. 왜냐하면 학습자의 상황에 따라 '온라인 Live HR' 참여를 위한 Zoom 초대장을 보지 못하는 상황이 발생 할 수도 있기 때문이다.

'오픈 채팅방' 개설은 학습자간 정보의 채널이다. 이메일이나 문자는 매번 개인별도 정보를 일방적으로 보내야 하는 문제가 있고, 정보 확인 유무를 확인한 것도 어렵다. 하지만 카카오 톡의 '오픈 채팅방'은 학습자를 쉽게 불러올 수 있다. 일반적으로 사용하는 카카오 톡 단톡방은 학습 대상자를 한명씩 추가해야 하지만 '오픈 채팅방'은 해당 초대장(URL)을 이메일이나 문자로 보내면 누구나 손쉽게 '오픈 채팅방' 입장이 가능하다. 만약 교육생 100명을 카카오 톡 단톡방에 불러오려면 얼마의 시간이 걸릴까? 하지만 '오픈 채팅방'은 인원에 상관없이 단 5분 이내에 대부분의 학습자가 입장할 수 있다.

'오픈 채팅방 초대 문자' 보내기는 학습자들이 '온라인 Live HR'에 원활하게 참여할 수 있도록 온라인 Live 교육이 시작되기 2~3일 전에 보낸다. 그렇게 해야 개인별 스케줄을 확인하면서 '온라인 Live HR' 입과 준비를 하기 때문이다. 학습자 개인에게 일일이 '온라인 Live HR' 참여 가능 여부를 확인 하는 것이 아니기 때문에 반복적으로 인지를 시켜주지 않으면, 깜빡하고 '온라인 Live HR'에 참여하지 못하는 경우가 발생한다.

사전 준비 체크리스 항목의 어느 것 하나 생략하거나 놓치는 순간 '온라인 Live HR'은 상상이상으로 폭망 할 수 있다. 때문에 8개 항목에 대해 필히 반복된 시뮬레이션으로 치밀한 점검을 해야만이 '온라인 Live HR'의 안정적 운영을 기대할 수 있다.

Zoom 회의실 초대 링크는 교육 과정 및 행사 시작 30분 전에 공유한다. 그러기 위해서는 '온라인 Live HR'의 시작 1시간에는 준비를 해야 한다. 앞서 준비한 '사전 준비 체크리스트'를 재검하고, 해당 안내문 등을 최종적으로 꼼꼼히 확인해야 한다.

'Zoom 회의실 개설'은 '개인 회의 ID'를 사용하거나, '새 회의'를 개설하여 매번 다른 'Zoom 회의 ID'를 만들어 사용하면 된다. 사내에서 정기적으로 이루어지는 회의의 경우는 고정된 '개인 회의 ID'를 사용하면 된다. 하지만 교육 및 행사 운영에 사용되는 'Zoom 회의 ID'는 진행 시 마다 별도의 '회의 ID' 개설을 추천한다. 왜냐하면 고정된 '개인 회의 ID'를 사용하다 보면 상황에 따라 매번 비밀번호를 바꿔야 하는 문제와 여러 행사에 빈번하게 사용하다 보면 보안에 문제가 생길 수 있기 때문이다. 그래서 필자의 경우는 매번 다른 주소의 'Zoom 회의 ID'를 생성해서 사용을 한다. 다만, 참가자들이 손쉽게 Zoom 회의실에 입장 할 수 있도록 'Zoom 회의실 초대 링크'는 비밀번호가 포함됨 URL 주소를 생성한다. 물론 'Zoom 회의 ID' 만 입력해도 비밀번호가 없기 때문에 바로 입장이 가능하다.

'온라인 Live HR' 운영 시 보안에 대한 문제가 발생 할 수도 있기 때문에 'Zoom 대기실'은 필수로 사용한다. 참가자들은 'Zoom 회의실 초대 링크'를 클릭하여 입장하게 되면 'Zoom 대기실'에 머물게 되며 호스트가 입장을 수락해야 비로소 'Zoom 회의실'에 입장할 수 있다. 그런데 호스트가 참가자 한 사람씩 확인하며 입장시키기는 현실적으로 쉽지 않다. 우선 참가자 명단을 보고, 대상자 인지를 체크한 후에 '모두 수락'을 실행하면 모든 참가자가 동시에 'Zoom 회의실'에 입장하게 된다. 이러한 과정이 무리가 없도록 운영을 하려면, 참가자가 'Zoom 회의실 초대 링크'를 클릭하기 전에 반드시 '웨티켓'를 충분히 인식 시켜주어야 한다. 앞서 강조한 비와 같이 참가자는 'Zoom 회의실' 입장을 위해서는 반드시 이름과 소속(팀)을 분명하게 입력하도록 해야 한다. 그렇지 않으면 명단을 확인 할 수도 없고, 또한 그렇게 입장한 참가자의 대부분을 컨트롤 하기 쉽지 않다. 참가 후 비디오 마저 켜지 않는 다면, 본인 확인이 안되는 상태에서 그냥 '참가자 제거' 하기도 난감해지고, 결국 안정적인 '온라인 Live HR' 운영은 어렵게 된다. 참가자 '한 명이라도 비디오가 꺼져 있으면' 시간이 지날수록 꺼져가는 비디오는 늘어나게 된다. 심지어는 강사 한명이 Zoom을 활용하여 20명을 대상으로 특강을 진행하는 데 시간이 갈수록 꺼져가는 비디오를 보며 결국 1명을 상대로 강의를 진행한 경우도 있었다고 하니, 매우 안타까운 일이다.

'Zoom 회의실'에 입장하는 참가자의 '비디오가 꺼져 있다'는 것은 상상할 수 없어야 한다. 그런데 여전히 '웨티켓'에 대한 인식 부족으로 비디오를 꺼둔 상태로 'Zoom 회의실'에 입장하는 경우가 많다. 필자의 경우는 'Zoom 회의실' 입장 시 반드시 비디오는 켜도록 하고 있고, 부득이 한 경우는 Zoom 채팅방에 그 사유를 올려달라고 요구 한다. 노트북이나 PC로 접속하는데 웹캠이 없을 수 있기 때문에 이런 경우는 스마트 폰으로 동시 접속을 하면 되기 때문에 사실 비디오를 켤 수 없는 하드웨어 상의 문제는 거의 없다. 문제는 참가자의 태도이다. 만약, 사내에서 'Zoom 회의실' 입장 시 비디오를 꺼둔 상태로 입장을 한 경우를 그냥 방치하게 되면, 이후에 굉장히 심각한 상황들이 발생하게 됩니다. 예상 하겠지만, 이러한 문화가 정착이 되면, 참가자 컨트롤이 안 되기 때문에 'Zoom 회의실' 운영의 필요성은 사라지게 된다.

'Zoom 새 회의'를 클릭하여, 'Zoom'이 실행되면 필자가 습관적으로 하는 행동이 있다.
첫 번째는 마이크 점검이다. '음소거' 에 있는 화살표를 눌러 스피커와 마이크를 테스트 한다. 필자의 경우 별도의 마이크를 사용하고 있기 때문에 제대로 연결이 되어 있는지 확인을 한다. 이러한 점검을 하지 않고 온라인 Live HR을 진행하게 되면, 앞서 강조했지만 참가자의 목소리가 들리지 않는다고, 이것저것 점검해달라고 요구를 하게 된다. 정작 본인의 스피커 소리가 줄여져 있는 것을 테스트 하지 않아 벌어지는 일이다. 이렇게 되면 온라인 Live HR은 시작부터 폭망하는 것이다. 두 번째는 비디오 점검이다. 배경화면의 사용여부와 배경 화면이 행사나 교육과정에 적합한 내용으로 되어 있는지 최종 점검을 하는 것이다. 단순하지만 이 두 가지를 제대로 점검해 놓지 않으면 생방송으로 진행을 하고 있는 상황이기 때문에 즉시 대처가 어렵다. 온라인 Live HR은 여유를 주지 않기 때문이다.

'강사 Zoom 초대'는 교육 또는 행사의 발표자가 있다면, 온라인 Live HR 시작 전에 필히 리허설을 해야 한다. Zoom 초대장을 미리 공유하고, Zoom 대기실에 들어오면 '강사'만 입장 수락을 한 후에 공동 호스트로 지정하고, 화면 공유를 통해 강의 슬라이드를 띄우는 연습을 최종 점검한다. 이때 강사나 발표자는 온라인 Live HR 진행에 따른 강의 슬라이드 및 관련 자료들을 미리 화면에 띄우고 있어야 한다. 이미 행사나 교육과정이 진행 되었는데, 이 때가 되어서야 관련 자료를 찾고, 클릭하는 모습이 참가자에게는 절대 보여서는 안 된다. 영화관에서 돈을 내고 영화를 보고 있는데 중간에 편집이 안 된 촬영 장면이 노출이 된다면 어찌될까? 있을 수 없는 일이다. 온라인 Live HR도 마찬가지다. 철저한 준비를 통해 가능한 완벽한 수준으로 온라인 생방송으로 진행되어야 한다.

'오픈 채팅방에 Zoom 초대장 공지'는 온라인 Live HR 시작 30분 전에 띄운다. 이 때 반드시 놓쳐서는 안 되는 것은 공지 내용에 대한 재확인이다. 오타가 되었든 잘못된 내용이 한번 공지 되면 그 자체가 심각한 문제가 될 수 있기 때문이다. 만약, 날짜나 시간 그리고 장소 등에 오타가 있는 경우, 참가자나 학습자가 처음 올라온 내용을 보고나서 이후 수정 사항을 인지하지 못하는 경우가 생기기 때문이다.

다음은 필자가 온라인 Live HR 운영 시 사용하는 안내문이다. 행사 또는 사내 교육과정 운영 시 안내문의 작성과 Zoom 초대장 등 상황별로 어떠한 메시지를 띄울 지 참고해보기 바란다.

1) 오픈 채팅방 개설

참가자와 원활한 정보 소통을 위해서 사용하는 채널이 카카오 톡 '오픈 채팅방' 이다. 이와 유사한 채널을 확보 하고 있거나 사내 채널이 있다면 그것을 활용하면 된다. 다만, '오픈 채팅방'은 손쉽게 개설해서, 보다 빠르게 참가자를 입장 시킬 수 있고, 쉽게 제거하는데 무리가 없기 때문에 사용하고 있다. '오픈 채팅방' 초대장은 이미 확보하고 있는 참가자의 이메일 및 문자로 발송하면 된다. 참가자의 하드웨어 상황에 따라 접속이 용이하도록 이메일과 문자를 동시에 발송한다. '오픈 채팅방'은 최소 2~3일 전에는 개설해서 참가자가 입장하도록 한다. 초대장 발송 내용에는 반드시 '오픈 채팅방에 입장 할 경우 본인 이름(소속)을 입력' 하도록 해야 명단 확인이 가능하다.

[문자 및 이메일 발송]

안녕하세요~ KHR Kim PD입니다.

'KHR Zoom PD 전문가' 과정은 온라인 Live(Zoom)으로 진행됩니다.

1)본 온라인 Live 과정은 11월 11일(수) 10시~18시까지 진행됩니다.

2)과정을 운영을 위한 정보공유는 '카카오 톡 오픈채팅방' 에서 운영됩니다.

   지금 아래 채팅방 링크를 클릭해서 오픈 채팅방으로 입장하시기 바랍니다.

   입장 후 오픈 채팅방의 공지사항 안내문 확인 바랍니다.

* 오픈 채팅방: https://open.kakao.com/o/gLwI02yc

⇒ 오픈 채팅방 입장 시 본인 이름으로 입장하셔야 명단 확인 가능합니다.

   ex) 홍길동(소속)

   감사합니다.

   KHR KimPD 올림

2) 오픈 채팅방 공지사항

오픈 채팅방에 참가자가 들어왔을 때 아무런 내용이 없으면 '뭐지?' 하는 느낌이 든다. 또는 온라인 Live HR에 관련된 내용을 오픈 채팅방에 띄워놓은 경우 늦게 입장하는 참가자는 앞에 띄워놓은 내용을 볼 수 없기 때문에 어떤 경우는 반복해서 동일한 내용을 올리는 경우가 있다. 이때는 '온라인 Live HR' 운영에 관한 내용을 오픈 채팅방 공지사항에 올리면 늦게 입장하는 참가자가 있을 경우에 누구라도 내용 확인이 가능하다.

[오픈 채팅방 공지사항]

안녕하세요~. KHR KimPD입니다.

'KHR Zoom PD 전문가' 과정은 온라인 Live로 진행됩니다.

'Zoom초대장(접속 연습용)'은 11월 10일(화) 11시 30분~13시까지 접속 가능합니다.

원활한 교육 참여를 위해 잠시 시간을 내어 Zoom 접속 연습을 해보시기 바랍니다.

*상세안내:

1) 화요일(11/10) 11시 30분~13시, 오픈 채팅방에 Zoom 초대장 공유(접속 연습용)
   예정입니다.

2) 접속 후 영상 및 음향이 잘 들리는지만 확인하고 퇴실하시면 됩니다.

3) 실제 과정은 수요일(11/11) 10시에 진행되며, KHR Zoom 초대장은
   시작 30분 전에 공유 예정입니다.

3) 오픈 채팅방 명단 체크

'온라인 Live HR' 시작 3일전에 오픈 채팅방 초대장을 공유했다면, 시작 1일 전에는 오픈 채팅방의 명단과 실제 참가자 명단을 체크하여 입장하지 않은 참가자에게는 이메일과 문자를 재발송하여 참가자 모두가 오픈 채팅방에 입장할 수 있도록 독려해주는 것이 필요하다. 참가자 입장에서 보면 바쁜 일정 때문에 초대장을 확인하지 못하는 경우도 있고, 초대장을 확인했지만 여유를 두고 있는 경우가 있기 때문에 별도의 이메일과 문자 발송을 통해 참가자 모두가 오픈 채팅방에 입장할 수 있도록 유도해 주는 것은 필요하다. 필히 참가를 해야 하는 대상자라면, 1일 전에 전화 통화를 해서 참가 여부를 재확인 하여 누락된 참가자 없도록 하는 것이 중요하다.

4) Zoom 초대장(연습용) 공지

Zoom 사용에 어려움이 있는 참가자를 위해서 '온라인 Live HR' 참가 전에 '연습용 Zoom 초대장'을 오픈 채팅방 공지사항 띄운다. Zoom 접속에 어려움이 있는 참가자는 미리 Zoom 접속 연습을 할 수 있도록 하여 당일 '온라인 Live HR' 참가에 무리가 없도록 해준다. 또한 Zoom 접속이 어려워 불만을 터트릴 수 있는 참가자에 대해 미리 조치하는 방법이기도 하다. 아직은 개인의 상황에 따라 Zoom 접속에 어려움을 갖고 있는 참가자가 있을 수 있기 때문에 되도록이면 '연습용 Zoom 접속'의 기회를 주는 것이 좋다.

[연습용 Zoom 초대장]

안녕하세요~ KHR KimPD입니다.

'연습용 Zoom 초대장'을 공유합니다.

'KHR Zoom PD 전문가(11/11) 과정'은 온라인 Live로 진행됩니다.

아래와 같이 Zoom 접속을 위한 '연습용 Zoom 초대장'을 공유합니다.

11월 10일(화) 11시 30분 ~ 13시까지 사이에 입실이 가능합니다.

일찍 접속하신 분은 'Zoom 대기실'에 머물게 됩니다. (정각 11시 30분 에 입실 가능)

＊Zoom 초대장(연습용): https://zoom.us/j/98262225698

[Zoom 접속 안내]

실제 과정 참여시 노트북 or PC 준비 바랍니다

1. 'Zoom 초대장' 클릭 후 '컴퓨터 or 인터넷 오디오' 연결을 클릭하여 입장합니다.

2. 접속을 하시면 'Zoom 대기실' 에 머물게 되며, 11시 30분 정각에 호스트(KHR
   KimPD) 승인 후에 동시 입장하게 됩니다.

3. 입장 시 기본적으로 마이크는 꺼져 있습니다.(참여자의 모든 마이크가 켜진 상태가
   되면, 소음이 심함)

4. 참가자가 지켜야 할 웨티켓

   온라인으로 진행되는 관계로 안정적인 운영을 위해 웨티켓 준수가 필요합니다.

   KHR 웨티켓 01. Zoom 참여 시 참가자의 이름(소속) 입력 바랍니다.(명단 확인)

   KHR 웨티켓 02. Zoom 입장 시 비디오 켜기는 필수입니다.(얼굴을 볼 수 있도록)

   KHR 웨티켓 03. 마이크는 음소거 합니다.(소음 관계로)

온라인 Live HR의 모든 참가자가 관련 안내문을 제대로 숙지 할 수 있도록 별도의 'Zoom 접속 안내문'을 공유하여 기본 적인 운영 사항 등 일정을 숙지할 수 있도록 해둔다.

[온라인 Live HR 운영 안내문 예시]

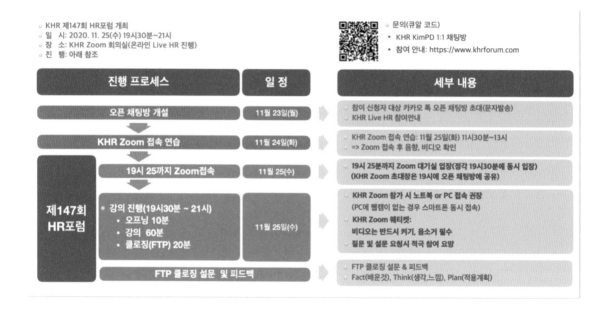

5) Zoom 입장 사전 안내

온라인 Live HR 운영은 일단 모든 참가자가 Zoom에 입장해야 한다는 전제를 두고 진행을 해야 한다. 때문에 반복적인 안내문을 통해 모두가 인지하고, 미리미리 준비할 수 있도록 반복적으로 안내문을 공유할 필요가 있다. 다만, 내용상의 변화를 통해 지루함을 갖지 않도록 하여 일부참가자의 불만을 줄일 수 있도록 한다. Zoom 입장 사전 안내는 필요에 따라 생략 할 수 있다.

[KHR Zoom 입장 사전 안내]

안녕하세요~ KHR KimPD입니다.

'KHR Zoom PD 전문가(11/11) 과정' 안내입니다.

1. Zoom 초대장은 11월 11일(수) 9시 30분에 오픈 채팅방에 공유 할 예정입니다.

   Zoom 초대장 클릭 후 '컴퓨터 or 인터넷 오디오' 연결로 입장합니다.

2. 접속을 하시면 'Zoom 대기실'에 머물게 되며, 10시 정각에 호스트(KHR KimPD)

   승인 후에 동시 입장하게 됩니다.

3. 입장 시 기본적으로 마이크는 꺼져 있습니다.(참여자의 모든 마이크가 켜진 상태가

   되면, 소음이 심함)

4. 참가자가 지켜야 할 웨티켓

   온라인으로 진행되는 관계로 안정적인 운영을 위해 웨티켓 준수가 필요합니다.

   KHR 웨티켓 01. Zoom 참여 시 참가자의 이름(소속) 입력 바랍니다.(명단 확인)

   KHR 웨티켓 02. Zoom 입장 시 비디오 켜기는 필수입니다.(얼굴을 볼 수 있도록)

   KHR 웨티켓 03. 마이크는 음소거 합니다.(소음 관계로)

[Zoom 접속 연습 예시]

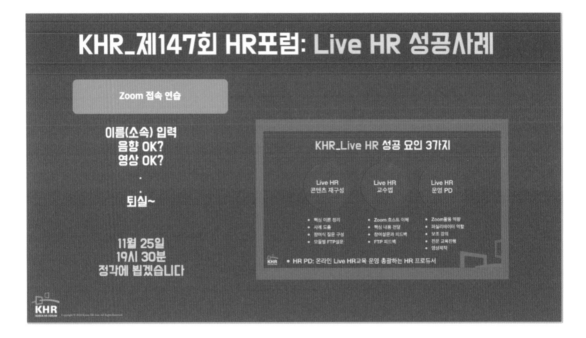

6) Zoom 입장 안내

Zoom 초대장을 공유하게 되면 필자의 경험 상 시작 10분 전까지는 대체적으로 입장을 하지 않기 때문에 오픈 채팅방에 공지한 내용을 몇 명이나 확인했는지를 체크한다. 만약, 다수의 인원이 오픈 채팅방 확인이 안될 경우는 'Zoom 초대장'을 참가자의 이메일과 문자로 발송하는 것이 좋다. 바쁜 일상으로 인해 카카오 톡을 미처 확인 하지 못한 참가자에게 알림을 주거나, 카카오톡의 Zoom 초대장을 확인했지만 아직 입장하지 않은 참가자를 독려하기 위함이다.

[Zoom 입장 안내]

안녕하세요~ KHR KimPD입니다.

'KHR Zoom PD 전문가(11/11) 과정' 참여를 위한 'Zoom 초대장' 공유합니다.

* Zoom 초대장: https://zoom.us/j/98144218478

1. Zoom 초대장 클릭 후 '컴퓨터 or 인터넷 오디오' 연결로 입장합니다.

2. 접속을 하시면 'Zoom 대기실'에 머물게 되며, 10시 정각에 호스트(KHR KimPD) 승인 후에 동시 입장하게 됩니다. (시작 10분 전까지는 Zoom 대기실 접속 바랍니다)

3. 입장 시 기본적으로 마이크는 꺼져 있습니다.(참여자의 모든 마이크가 켜진 상태가 되면, 소음이 심함)

4. 참가자가 지켜야할 웨티켓

   온라인으로 진행되는 관계로 안정적인 운영을 위해 웨티켓 준수가 필요합니다.

   KHR 웨티켓 01. Zoom 참여 시 참가자의 이름(소속) 입력 바랍니다.(명단 확인)

   KHR 웨티켓 02. Zoom 입장 시 비디오 켜기는 필수 입니다.(얼굴을 볼 수 있도록)

   KHR 웨티켓 03. 마이크는 음소거 합니다.(소음 관계로)

---

7) Zoom 초대장 재발송

[**Zoom 입장 안내**]

KHR Zoom 초대장 'Zoom PD 전문가(11/11) 과정'

*Zoom 초대장: https://zoom.us/j/98144218478

잠시 후 10시 정각에 온라인 Live 과정(KHR Zoom PD 전문가)이 시작됩니다.

9시 50분 까지는 'Zoom 초대장'을 클릭하여 Zoom 대기실에 접속 바랍니다.

⇒ 접속을 하시면 'Zoom 대기실'에 머물게 되며, 10시 정각에 호스트(KHR KimPD)

　승인 후에 동시 입장하게 됩니다.

온라인 Live HR의 안정적 운영의 핵심 중에 하나는 모든 참가자가 Zoom 접속 할 수 있도록 최선의 노력을 해야 한다.

5-3 | 운영 점검 체크리스트

온라인 Live HR의 준비가 철저하게 이루어 졌다 하더라도, 실제 'On Air' 상태가 되면 온라인 Live HR을 운영하느라 정신이 없다. 평소에 자주 접하는 상황이 아니기 때문에 생각보다 빠르게 진행되는 Live HR에 당황 하는 건 당연할 수 있다. 사소한 기능 활용이나 운영상에 취해야 행동이 경우에 따라선 초를 다투는 경우가 있기 때문에 순간 깜박하고, 그냥 넘어가 버려 온라인 Live HR을 망치는 경우가 많다. 기존의 오프라인 행사를 진행할 때처럼 진행 순서를 미리 정리하고, 각 단계별 진행자 멘트를 정리해서 진행하면 무리가 없다. 하지만 온라인 Live HR은 그 진행 속도가 너무 빠르다. 그렇기 때문에 주요 행사를 진행하거나 교육 오프닝과 강의 중간에 활용되는 참여식 강의를 진행할 때, 충분한 연습으로 숙달이 되어 있지 않으면, 그냥 버벅거리는 경우가 많다. 무엇보다 안정적인 온라인 Live HR을 운영하기 위해서는 핵심 기능과 순서에 대해서 만큼은 철저하게 숙달해 두어야 한다.

오프닝을 위한 배경음악 또는 영상은 미리 준비하여 참가자가 Zoom에 입장하는 동안 분위기를 띄우는 것도 중요하다. 특히 참가자로 하여금 비디오 및 음소거 점검의 시간적 여유를 주어 Zoom 접속에 익숙해지는 시간을 제공한다.

[Zoom 접속 오프닝: 초기 화면 예시]

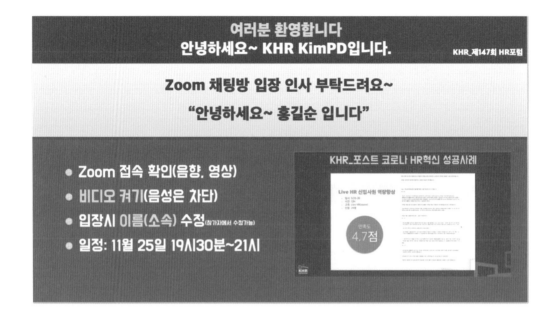

온라인 Live HR은 실시간 생방송으로 진행이 되기 때문에 진행 중간에 발생하는 사소한 이슈라 할지라도 참가자의 과정몰입에는 큰 영향을 준다. Zoom PD의 방송 실수는 반드시 발생하지 않도록 철저한 준비가 필요하지만, 참가자 역시 마찬가지다. 때문에 오프닝 진행에 신경을 써야 한다. 참가자가 Zoom에 접속하는 순간 화면을 통해 기본 적인 메시지를 전달했다면, 두 번째는 참가자의 개별 소개를 진행한다. 이렇게 할 경우 미리 진행 안내문을 화면에 띄워 집중하게 한다.

[Zoom 접속 오프닝: 상호 인사 예시]

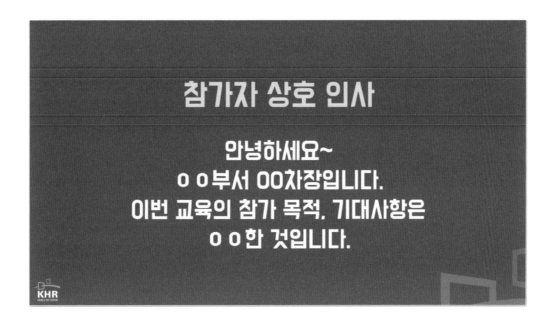

불과 10년 전만 하더라도 '핸드폰은 꺼주시거나, 진동으로 해주세요.' 라는 문구는 강의장마다 벽에 붙어 있었고, 행사나 교육 시작 전에 안내 멘트를 필히 해야 했었다. 심지어는 '핸드폰 통화는 강의장 밖에서 해 주세요' 라고 부탁을 해야 그 때서야 통화를 계속 하면서 걸어 나가는 교육생도 종종 있었다. 그 때 당시는 교육장 에티켓에 대한 이해도가 부족하거나 무뢰한 학습자의 행동이 용인되기도 했던 시절이다. 지금은 어떠한가? 그러한 불편한 행동을 하는 경우 곧바로 제재를 하는 분위기이다 보니 무뢰한 학습자도 눈치가 보여 쉽게 행동하지 않는다.

그런데 코로나19 이후 짧은 기간에 많은 것에 변화를 주고 있다. 온라인 학습은 그저 화면만 틀어 놓고 여유를 부릴 수 있었지만 '온라인 Live HR'은 상황이 다르다. '온라인 Live HR'은 직접 참여를 해야 하기 때문에 참가자의 입장에선 부담이 될 수 있다. 반대로 참여의 목적이 분명한 경우라면, 오히려 이전 교육과는 전혀 다른 몰입도를 보인다. '온라인 Live HR' 운영의 전제는 '안정성'이다. 안정적 운영을 위해서는 참가자의 기본적인 웨티켓을 분명히 하고 진행을 해야 무리가 없다.

[Zoom 접속 오프닝: 웨티켓]

안정적인 '온라인 Live HR' 운영은 체크해야 할 사항에 대해 사전에 시뮬레이션을 반복하고, 운영 중에도 수시로 반복 체크를 하며 점검을 해야 사소한 실수를 줄일 수 있다.

[온라인 Live HR 운영 점검 체크리스트]

구분	준비 사항	세부 내용
1	Zoom 음소거	스피커 및 마이크 테스트 (Zoom 새 회의실 개설 마다 체크)
2	Zoom 비디오	가상 배경 선택 확인 (Zoom 새 회의실 개설 마다 체크)
3	Zoom 기록	컴퓨터 기록 확인 (Zoom 회의 시작, 과정 쉬는 시간 체크)
4	Zoom 참가자 모두 수락	"모두 수락"을 통해 참가자 동시 입장
5	Zoom 대기실 비활성화	참가자 "모두 수락" 후 반드시 "Zoom 대기실" 비활성화
6	참가자 간단 인사	오프닝으로 12명 내외 참가자별 자기소개 (이름, 소속 정도) (참가자별 비디오, 마이크 점검, 과정 참여 준비 시간)
7	과정 운영 안내	Zoom PD 또는 강사가 진행 (전체 진행 오리엔테이션)
8	Zoom PD & 강사 소개	비디오 화면 전환 시 "화면 공유" 멘트 후 진행
9	참가자 모니터링	참가자 접속 재확인, 참여 및 몰입도 확인
10	패들렛 의견 참여 URL	Zoom 채팅방 & 오픈 채팅방 공유 (손쉽게 참여) => 피드백 진행
11	학습 참여 구글 설문 URL	Zoom 채팅방, 오픈 채팅방 공유 (행사 및 학습 동참) => 추가 질문과 피드백 진행
12	FTP 학습정리 구글 설문 URL	Zoom 채팅방, 오픈 채팅방 공유 (학습 내용 정리) => Fact 피드백: 내용 공유를 위한 피드백 => Think 피드백: 관점 공감을 위한 피드백 => Plan 피드백: 실행력 강화를 위한 피드백
13	FTP 클로징 구글 설문 URL	FTP 클로징 설문 피드백 => Fact 피드백: 전체 내용 정리 및 공유 피드백 => Think 피드백: 다양한 관점 공감 피드백 => Plan 피드백: 계획에 대한 실행력 강화 피드백
14	온라인 Live HR 종료	온라인 Live HR 참여 소감 듣기 (3~5명) Zoom 회의실 퇴장 시 Zoom 채팅 방에 "인사말" 남기기 안내

'Zoom 음소거'는 Zoom 회의실을 새롭게 만들 때 마다 습관적으로 확인해야 한다. 왜냐하면, Zoom PD가 스피커를 줄여놓은 것을 순간 깜박하고 온라인 Live HR을 진행할 수 있기 때문이다. 이러한 실수가 발생되면 Zoom PD는 참가자의 목소리가 들리지 않는다고, 참가자로 하여금 음소거 해제를 요청한다. 아니면 Zoom 회의실을 퇴장했다가 다시 들어오라고 하는 등 말도 안되는 솔루션을 제시하다가 시작부터 헤메이는 상황이 발생한다. 정작 Zoom PD 본인의 스피커 소리를 잔뜩 줄여 놓고 말이다. 이러한 실수는 단 한 번이라도 발생해서는 안 된다.

'Zoom 비디오'는 온라인 Live HR 운영이 많을 경우 Zoom PD를 당황하게 만드는 것 중 하나다. 늘 점검하고 확인한다고 하지만, 잠깐이라도 몰입하지 않으면 실수가 발생할 수 있기 때문에 'Zoom 비디오'의 가상배경도 매번 재확인을 해야한다. 어제까지 '신입사원 과정'을 진행하고 바로 이어서 오늘 Zoom을 활용한 임원교육을 온라인 Live HR로 진행하는데 시작 1분 전에 'Zoom 비디오'의 가상배경이 '신입사원 과정' 으로 되어 있는 것을 발견한 것이다. 역시 '깜빡' 한 것이다. Zoom을 사용하다 보면 사소한 작업들이 많기 때문에 이러한 '깜빡' 실수는 이곳저곳에서 발생할 수 있다. 정신 바짝 차리지 않으면 예상치 못한 '폭망' 사건들이 툭툭 터지는 수가 있다. Zoom 회의실을 새롭게 만들 때 마다 확인하기 바란다.

'Zoom 기록'은 보통 수동으로 기록(녹화)를 하기 때문에 '기록 실행–기록 일시 중지–기록 다시 시작'을 잊지 말아야 한다. 만약 온라인 Live HR에 참가하지 못한 참가자에 대한 배포용으로 Zoom의 기록을 해야 한다면, 매우 신경을 쓰고 챙겨야 한다. '기록 실행'을 하느냐 그렇지 않느냐는 '1초'의 선택에 달려 있다. 순간 '깜빡' 하면 2시간 동안 진행한 온라인 Live HR은 다시

되돌려 기록할 수 없다. 때문에 필수로 'Zoom 기록'을 해야 할 상황이라면 Zoom PD 모니터에 포스트잇으로 'Zoom 기록' 이라고 크게 써 붙혀 놓고 진행하면 실수를 줄 일 수 있다. 이 방법은 필자도 여전히 활용하고 있다. 왜냐하면 온라인 Live HR을 시작할 때는 신경을 쓰고 있기 때문에 'Zoom 기록'을 놓치지 않는다. 문제는 쉬는 시간에 'Zoom 기록 일시 중지'를 한 후에 온라인 Live HR이 다시 시작될 때는 역시 'Zoom 기록 다시 시작'을 실행해야 하는데 '깜빡' 하는 경우가 생긴다. 정말 중요한 내용의 온라인 Live HR을 '깜빡' 하고 Zoom 기록을 하지 않았다면, 정말 큰일이다. 이러한 실수는 절대 일어나서는 안 된다. 때문에 별도의 안전장치를 Zoom PD 스스로가 만들어 놓길 바란다.

'Zoom 참가자 모두 수락'은 Zoom에 접속한 모든 참가를 동시에 Zoom 회의실에 입장 할 수 있기 때문에 매우 유용한 기능이다. 이때 오프닝 음악을 사용하면 참가자 입장에서도 신선한 느낌도 있고, 뭔가 기대감을 주는 느낌도 있다. 또한 동시에 여러 비디오화면을 볼 수 있기 때문에 시작부터 몰입도를 높일 수 있다. 참가자 전체의 얼굴이 보이도록 하려면 앞서 설명 했던 'Zoom 화면공유'를 실행하고, 이때 모니터 화면 전체를 설정(화면 또는 데스크탑 지정)하면 참가자 비디오 전체를 볼 수 있다. Zoom 화면은 호스트를 제외하고 24명이 비디오 화면을 볼 수 있으며, 최대 49명이 비디오를 볼 수 있도록 설정할 수 있다.

'Zoom 대기실 비활성화'는 순발력이 필요하다. 온라인 Live HR 시작 시 'Zoom 참가자 모두 수락'을 한 후에 곧바로 'Zoom 대기실 비활성화'를 실행하여 이후에 들어오는 참가자가 대기실에 머물지 않고 바로 Zoom 회의실에 입장하도록 해야 하기 때문이다. 만약 이렇게 하지 않으면,

'Zoom 참가자 모두 수락'을 실행한 이후에 Zoom에 접속하는 참가자는 여전히 'Zoom 대기실'에 머물게 되기 때문이다.

"김과장은 왜 Zoom 회의에 참가하지 않은 거야?" 라고 묻는다면, 김과장은 "무슨 소리입니까? Zoom 초대장 클릭하고 Zoom 대기실에 접속했는데 참가자 수락을 해 주지 않아서, Zoom 회의실에 입장을 하지 못했는데요. 아직 시작 안 하는 줄 알고, 계속 기다리고 있었습니다."

이러한 문제 발생 시 책임은 누구에게 있을까? 일단 Zoom PD가 실수한 것이다. 오프라인 교육시 교육장 출입문 밖에서 문을 두드리고 있는데 정작 안에서는 문소리가 들리지 않아 문을 열어주지 않는 것과 같다. 온라인 Live HR 시작 시간에 참가자가 몰리게 되면 'Zoom 참가자 모두 수락 후' 곧바로 'Zoom 대기실 비활성화'를 했다 하더라도 1~2초의 시간차이로 'Zoom 대기실'에 머무는 참가가 있을 수 있기 때문에 이 부분도 챙겨서 확인해야 한다. 'Zoom 대기실 비활성화'를 실행한 이후에 혹시라도 'Zoom 대기실'에 머물러 있는 참가자 있는지 재확인 할 필요가 있다.

'참가자 간단 인사'는 온라인 Live HR를 시작할 때 필수로 하는 것이 좋다. 행사나 교육과정 진행시 가장 짧은 시간에 분위기를 정리할 수 있기 때문이다. 참여 인원에 따라서 몇 명의 참가자가 자기소개를 해야 할지 다르긴 하지만 필자가 진행을 해본 경험으로는 12명 내외 정도이다. 이 인원을 넘어서서 자기소개를 하게 되면 전체 적인 분위기가 오히려 처지게 된다. 왜냐하면, 다른 참가자들이 지루해 하기 때문이다. 이러한 자기소개 시간은 3분 내외 정도가 적당하다. 자기소개는 단순히 이름과 소속 정도로 이야기 하는 경우도 있고, 행사 또는 교육 참여에 대한 기대 사항을 짧게 이야기 하도록 유도하는 것도 분위기를 띄우는 방법이다. 이러한 질문을 할 경우는 Zoom PD의 순발력이 필요하다. 왜냐하면 대답이 가능할 것 같은 참가자에게 질문을 해야지,

그렇지 않은 경우에 오히려 참가자를 당황하게 하고, 대답은 없고, 침묵이 흘러버리면 오프닝이 시작부터 망치게 되기 때문이다. '참가자 간단 인사'가 진행되는 동안에 다른 참가자는 온라인 Live HR의 참여를 위한 마음가짐을 갖게 하고, 비디오 및 음소거 조작 버튼에 대한 위치 확인과 조작법을 인지하게 하고 주의 사항을 전달한다. 참가자의 호기심에 본의 아니게 음소거 해제를 하지 않고 큰소리를 내어 진행에 잡음을 제공하는 경우가 있다. 이러한 상황을 미리 점검하기 위해 오프닝 차원에서 '참가자 간단 인사'를 하는 것이다. 행사나 강의 진행 시 이러한 상황이 벌어지게 되면, 매우 난처한 상황이 발생하기 때문에 미리 참가자에게 주지 시켜주는 것이 중요하다.

'Zoom PD & 강사소개'는 참가자에게 강사의 프로필에 대해 간단히 언급하고, Zoom 화면 공유를 통해 강의 슬라이드를 자연스럽게 연결 되도록 하는 것이다. 물론 Zoom PD가 직접 강의를 하는 경우라면 해당되지 않는다. 다만, Zoom PD가 직접 강의를 할 경우에도 간단히 프로필을 언급해 주는 것이 좋다. 왜냐하면 이러한 내용도 참가자에게는 관심과 기대감을 줄 수 있기 때문에 간단히 프로필을 언급해 주는 것이 좋다. 앞서 강조했지만 Zoom PD와 강사가 다른 경우에는 온라인 Live HR을 시작하기 전에 필히 리허설을 하기 바란다. 왜냐하면 강사 역시 '깜빡' 하고 강의 슬라이드를 준비하지 않고 있다가 순간 당황하며 노트북의 폴더 이곳 저 곳을 헤매이며 강의 파일을 열게 하는 모습이 비디오 화면을 통해 참가자에게 보이게 되면 역시 시작부터 참가자들의 관심도와 기대감은 떨어지게 된다.

'참가자 모니터링'은 반복적으로 해야 한다. 오프라인 진행시에는 참가자의 움직임을 늘 주시하며 진행을 하기 때문에 상황에 적절하게 바로 대응 할 수 있지만, 온라인 Live HR의 경우에는 의도적으로 비디오 화면의 참가자를 확인하지 않는 이상 그 반응의 정도를 파악하기가 쉽지 않다. 행사나 강의 진행시는 강의 장표가 화면 가득 채우기 때문에 참가자와의 눈 맞춤에 한계가 있다. 때문에 진행하는 동안 틈틈이 참가자의 비디오 화면을 확인할 필요가 있다.

'패들렛 의견 참여 URL'은 참가자의 상황에 따라 응답이 용이하도록 Zoom 채팅방과 카카오톡 오픈 채팅방에 참여 URL을 공유한다. 패들렛을 사용하는 이유는 참가자가 패들렛 링크 주소만 클릭해도 손쉽게 참여가 가능하기 때문이다. 패들렛은 사용방법 자체가 간단하기 때문에 직접 회원가입을 해서 사용해 보기 바란다. 패들렛은 무료 회원 가입해서 사용하면 된다. 만약 하루에도 여러 강의를 하는 경우가 있다면 유료회원 가입을 해서 사용하면 된다. 사용료 부담도 적다. 패들렛 사용법은 Live 6장에서 다룬다.

'학습참여 구글 설문 URL'은 온라인 Live HR 진행시 참가자로 하여금 본인의 의견을 충분히 고민하고, 작성을 할 수 있도록 유도하는데 용이하다. 또한 설문에 응답한 내용을 보고 강사가 별도의 피드백을 용이하게 할 수 있고 또한 강의 진행 시 설문 내용을 강의 내용에 반영에서 좀 더 학습자 중심의 강의를 할 수 있다. 이 부분은 강사의 스킬이 요구되는 사항이긴 하나 몇 번 연습을 하다보면 충분히 소화할 수 있다.

'FTP학습정리 구글 설문 URL'은 온라인 Live HR을 진행하는데 있어서 학습자의 몰입도를 높이는데 매우 중요 스킬이다. 행사나 과정이 2시간 이내이면, 한번만 진행하면 되지만 교육시간이 3~4시간 이상이면 2회 이상 '모듈별 FTP학습 설문'을 진행하는 것이 좋다. 무엇보다 중요한 것은 FTP설문 응답에 대한 피드백이다. Zoom PD와 강사가 진행하는 온라인 Live HR이라면, 누가 FTP설문 피드백을 할 것인지 역할 분담을 해야 한다. 기본적으로는 강사가 진행한다. 하지만 참가자가 응답한 FTP설문 응답결과를 동시에 보면서 피드백이 진행되기 때문에 어떤 내용을 어떻게 피드백 할 것인지를 판단해 내는 시간은 불과 2~3초에 불과하다. 때문에 연습이 된 강사의 경우라면 직접 FTP학습 피드백을 진행하되 그것이 어렵다면 Zoom PD와 역할을 분담해서 진행 할 수 있다. 설문 응답 결과에 대해 강사가 피드백을 진행하는 동안 Zoom PD는 다음에 피드백 할 내용을 미리 체크해 주는 것이다. 이렇게 하면 어떠한 내용으로 피드백할지 고민하는 시간을 줄일 수 있다.

Fact 피드백은 참가자가 배운 것을 정리한 내용을 보면서 관련 지식에 대한 강조와
추가적인 지식을 공유하기 위한 피드백이다.
Think 피드백은 참가자 각자의 생각을 정리한 것으로 다양한 관점 포인트를 찾아내어
참가자 서로간에 공감을 일으키기 위한 피드백이다.
Plan 피드백은 참가자가 무언가 목표를 두고 실행하기 위해 작성한 계획에 대해
공유함으로써 개개인의 실행력을 강화시켜 주기위한 피드백이다.
FTP학습 피드백은 어느정도 숙달이 되어야 가능하기 때문에 Zoom PD와 강사는
사전에 어느 정도는 연습을 하고 진행을 해야 당황하지 않는다.

'FTP클로징 구글 설문 URL'은 앞서 설명한 'FTP학습 피드백'과 유사하다. 전체 행사 또는 교육과정 전반에 대한 클로징 설문으로 그 피드백 포인트와 목적은 'FTP학습 피드백'과 유사하게

진행하면 된다. 다만 'FTP클로징 피드백'은 구체적인 피드백 보다는 참가자가 그동안 참여한 행사나 교육과정에 대해 생각을 정리할 수 있도록 하는데 집중하면 된다.

'온라인 Live HR 종료'는 딱 3가지만 하면 된다.

첫 번째는 3~5명 정도의 참가자에게 온라인 Live HR 참여 소감을 묻는 것이다. 이러한 질문을 할 경우에는 미리 누구에게 질문을 할 것인지를 체크해 두어야 한다. 앞서 오프닝 설명 시 어느 정도 대답이 가능한 참가자에게 기대감 등을 묻는 질문을 하는 것이 좋다고 말한 것처럼 클로징도 마찬가지이다. 그동안 온라인 Live HR에 긍정적이고 적극적으로 참여한 참가자를 미리 체크한 후에 클로징 질문을 하는 것이다. 만약, 참가자가 개인적인 부정적 소감을 이야기 하거나, 대답을 못하고 머뭇거리는 상황이 발생하면, 클로징을 망칠 수 있다. 때문에 Zoom PD나 강사는 필히 주도적으로 참여했던 참가자를 미리 확인한 후에 온라인 Live HR 참여에 대한 소감을 묻는 것이 좋다. 클로징 시간에 다소 여유가 있다면 참가자의 소감에 대해 좀 더 구체적인 피드백을 진행하면 참가자를 적극 칭찬해 주기 바란다.

두 번째는 Zoom 회의실 퇴장 시 Zoom 채팅방에 퇴장 인사말을 남기도록 안내하면 된다. 영화관에서 영화가 끝났다고, 곧바로 검은 스크린과 음악마저 꺼져서 침묵이 흐른다면, 영화를 보고 나오는 발걸음에 무언가 찜찜함이 생길 것이다. 더욱이 온라인 상에서 1대1로 참여한 Zoom이 갑자기 종료가 되어버리면 참가자 입장으로선 약간의 허탈감이 생긴다. 때문에 온라인 Live HR이 종료가 되었다고 해서 Zoom을 곧바로 종료해서는 안 된다. 참자가로 하여금 Zoom 채팅방에 마지막 인사말 정도는 흔적을 남기고 퇴장할 수 있도록 배려해 주어야 한다.

마지막으로 배경음악이다. 클로징을 위한 배경음악은 온라인 Live HR이 종료되고, Zoom PD의 클로징 멘트가 나감과 동시에 배경음악을 틀어 주면, 참가자는 음악을 들으며 Zoom 채팅방에 퇴장 인사말을 남기며 자연스럽게 Zoom Out 하면 된다.

온라인 Live HR 운영하는 동안 Zoom PD가 꼼꼼하게 실수 없이 챙겨야 할 '온라인 Live HR 운영 체크리스트'에 대해 14가지를 설명했지만, 안정적인 온라인 Live HR 운영을 위해서는 Zoom PD가 해야 할 일은 생각보다 많다. 그 외의 것들은 사실 Zoom PD가 직접 현장에서 경험하면서 터득해야 한다. 온라인 Live HR의 핵심은 안정적 운영에 있다. 이 부분에 집중을 하고 연습을 하게 되면, 나머지의 다양한 이슈와 대응방법은 스스로 터득할 수 있다.

필자는 '기록'의 중요성을 알게 되면서부터 15년째 모든 일상을 가능하면 기록해 두는 습관을 가지고 있다. 현재 사용하는 메모장은 '에버노트'를 사용하고 있다. 최근 5년 간 작성된 내용을 모아보면 A4용지 4천 페이지가 조금 넘는다. 개인적인 내용에서부터, 강의 내용, 웹서핑 중요 정보 등을 물론 비즈니스 관련 모든 내용을 기록하고 있다. 때문에 검색만 하면 손쉽게 관련 정보를 찾을 수 있다. 에버노트 무료 버전만으로도 일반 사용에는 무리가 없기 때문에 적극 추천한다.

Zoom을 활용한 온라인 Live HR 운영 시 되도록 모든 내용을 일단 저장하고 있다. 시간적 여유가 있을 때는 다시 한번 영상을 검토하며 스스로 피드백을 하고, 중요한 부분은 별도로 저장하고 그 외는 삭제를 한다. 최근 5개월간의 저장 용량이 350Giga 정도에 이르다 보니, 보관의 의미가 없는 영상은 바로바로 삭제하기도 한다.

온라인 Live HR을 기록하는 이유는 교육과정 운영이나 행사의 진행 결과를 정리하기 위함이다. 참가자의 참여여부 확인은 두 가지 방법이 있다. 우선, Zoom 회의실 참여 시 비디오 화면을 캡쳐해두면 된다. 가장 확실한 방법이다. 두 번째는 Zoom 접속한 In & Out 시간을 확인하면 된다. 참가자 개인별로 Zoom에 접속 시간을 확인할 수 있다. 경우에 따라서는 온라인 Live HR을 시작할 때 오프닝으로 진행하는 자기소개 시 Zoom 회의실 참여여부를 확인 할 수 있다.

[결과 보고 체크리스트]

구분	준비 사항	세부 내용
1	비디오 캡쳐	오프닝 및 클로징 시 비디오 화면 캡쳐 또는 기록 후 화면 캡쳐
2	패들렛 참여 결과	참여 내용 중 의미 있는 결과에 대해 화면 캡쳐
3	학습참여 설문 결과	교육 과정 진행 중 의미 있는 내용에 대해 설문 결과 활용
4	FTP학습정리 설문 결과	Fact, Think, Plan 각각의 설문 결과 활용
5	FTP클로징 설문 결과	Fact, Think, Plan 각각의 설문 결과 활용
6	참가자 Zoom 접속 현황	Zoom 설정 - 계정관리 - 보고서 - 활성 호스트 - 명단

'비디오 캡쳐'를 하게 되면, 굳이 'Zoom 기록'을 할 필요는 없으나 필자가 무조건 기록을 하는 이유는 '깜빡'하고 참가자의 비디오 화면 캡쳐를 하지 않으면 향후에 대처할 방법이 없기 때문이다. 그래서 온라인 Live HR을 진행하면서 참가자 전체가 나올 수 있도록 Zoom 비디오 화면을 '병렬'로 한 후에 화면 캡쳐를 해두고, 행사나 교육과정 진행시 중요한 내용은 상황에 따라서 화면 캡쳐을 해둔다. 이후 필요한 장면이 있으면 'Zoom 기록' 화면을 재생하여 화면 캡쳐한 후에 파일은 제거한다.

'패들렛 참여 결과'는 가벼운 질문에 대한 응답은 제외 하고, 핵심 의견을 묻는 경우에는 제시된 내용들이 의미가 있기 때문에 그 결과를 캡쳐 해 둔다. 또한 이러한 화면 캡쳐는 참가자에도 Zoom 채팅방이나 카카오 톡 오픈 채팅방에 공유함으로써 2차 학습이 가능하도록 하고, 참가자로 하여금 좀 더 학습에 몰입시키는 방법이기도 하다.

'학습참여 설문 결과'는 참여를 유도하기 위한 가벼운 실문에서부터 내용 정리를 위한 설문으로 진행되기 때문에 의미가 있는 내용만 결과 보고서에 참고 하면 된다. 학습참여 설문 역시 중요한 내용은 참가자에게 그 결과를 쉬는 시간에 바로바로 공유해 주는 것도 학습과 참여도를 이끌어 내는데 도움이 된다.

'FTP학습정리 설문 결과'는 결과보고서 작성에 매우 중요하다. 교육과정이 4시간 이상 진행 될 경우 '모듈별 FTP학습정리 설문'이 가능하다. 때문에 참가자로 하여금 배운 내용에 대해 보다 상세하게 작성할 수 있도록 유도해서 참가자간에 상호 공유하는데 의미가 있도록 상세 작성을 유도해야 한다. 이렇게 작성되는 Fact와 생각을 정리한 Think 및 실행을 위한 Plan은 교육생 공유 시 도움이 될 뿐만 아니라 향후 교육과정 설계에 있어서 유용하게 활용될 수 있다.

'FTP클로징 설문 결과'는 온라인 Live HR 참여에 따른 전반적인 내용에 대한 설문이므로 그 작성 시간을 충분히 주는 것이 좋다. 이렇게 작성된 FTP클로징 설문 결과는 온라인 Live HR 운영에 대한 전반적인 평가를 기대할 수 있고, 내용이 상세하기 때문에 향후 과정 기획에 대한 방향을 설정하는데 매우 도움이 된다.

'참가자 Zoom 접속 현황'은 Zoom 고급 설정에서 확인 할 수 있다. 고급 설정에서 '보고서'를 클릭한 후 '활성 호스트'에서 참가자별 접속 현황을 다운로드 할 수 있다. 기본적으로 'CSV 파일'로 되어 있기 때문에 관련 내용을 복사해서 엑셀을 활용해 명단을 정리하면 수월하다. 참가자에 따라서는 Zoom 사용법이 익숙하지 않거나 와이파이 상태가 좋지 않은 경우 Zoom 접속이 빈번한 경우가 있다. 이러한 참가자가 있는 경우는 '이름 정렬'을 하여 Zoom 접속 상태를 시간대 별로 정리하여 Zoom에 실제로 접속한 시간을 합산해서 활용하면 된다.

[Zoom 보고서 사례]

내 계정 클릭

활성 호스트

계정 관리 클릭

보고서 클릭

기간 설정 검색(1개월)

참가자 클릭

회의 참가자 접속 현황(CSV파일)

호스트 접속 현황(CSV파일)

Zoom 생성, 시작, 종료 시간

참여도 UP-UP

온라인 Live의 강점 중에 하나는 동시성이다. 오프라인에서 50명의 참가자를 대상으로 3분씩 의견을 묻는 다면, 150분이 걸린다. 하지만 온라인상에서는 단 3분이면 된다. IT도구를 활용한 설문을 받을 수 있기 때문이다. 더군다나 오프라인에서 50명에게 한 명씩 의견을 묻는 것을 불가능하다. 모두의 의견을 듣기위해 150분을 기다릴 참가자는 없기 때문이다. 설사 대답을 한다 해도 무엇을 이야기 했는지 기록하지 않기 때문에 남는 것이 없다. 그러나 온라인 Live HR 운영에 있어서는 50명의 의견을 모두 기록하는데 3분이면 된다. 만약 100명이라면 어찌 될까? 오프라인에서 걸리는 300분이 온라인상에서는 역시 단, 3분이면 된다. 참가자로 하여금 참여도를 이끌어 낸다는 것은 매우 중요하며, 그 결과는 이전과는 상상도 할 수 없는 수준의 결과를 만들어 낼 수 있다.

오픈 채팅방은 온라인 Live HR을 운영하는데 있어서는 필수적으로 활용된다. 스마트폰 사용자 대부분 카카오 톡을 사용하기 때문에 Zoom 초대장 공유를 위한 채널로 사용하기에 매우 편리하기 때문이다. 카카오 톡 단톡방은 개인별 초대를 직접 해야 하기 때문에 단톡방 초대에 많은 시간이 소요되고, 번거롭기 때문에 온라인 Live HR에는 적합하지 않다. 반면 카카오톡 '오픈 채팅방'은 초대장(URL)을 생성하여 최대 1,500명까지 초대할 수 있다. 참가자의 기본 정보는 스마트폰 번호만 있으면 되고 안정적인 초대를 위해 이메일을 함께 확보하는 것도 좋은 방법이다. 오픈 채팅방은 카카오 톡 채팅방에서 누구라도 간단한 조작만으로 손쉽게 만들 수 있다.

[오픈 채팅방 만들기 01]

카카오 톡 단톡방 오른쪽 상단에 있는 말풍선을 클릭하면 새로운 채팅 창이 열리고, '오픈채팅'을 클릭하여 오픈 채팅방을 만들기를 클릭한다. 카카오 톡 오픈 채팅방은 '1:1 채팅방'과 '그룹 채팅방'을 만들 수 있는데, '1:1 채팅방'은 다수의 참가자에게 1:1 채팅을 통해 문의 사항 등 자유롭게 주고받기에 편리하게 사용된다. 온라인 Live HR 운영 시 Zoom 초대장을 참가자와 손쉽게 소통하기 위해서는 '그룹 채팅방'을 개설한다. '1:1 채팅방'을 만드는 방법은 '그룹 채팅방'을 만드는 방법과 동일하다.

[오픈 채팅방 만들기 02]

오픈 채팅방 이름은 일반적인 '행사명'이나 '과정명'만을 간단히 입력하게 되면, 오픈 채팅방에서 '채팅방 이름 검색'에 어려움이 생길 수 있다. 카카오톡 오픈 채팅방에서 '이름 찾기 검색'의 경우 많은 수의 채팅방 이름이 검색되기 때문에 어떤 방에 입장을 해야 할지 복잡한 상황이 발생할 수 있다. 카카오톡에서 해당 이름만 검색이 되도록 하려면 'KHR Zoom PD 전문가(11/11)'와 같이 영문자와 숫자를 함께 사용하면 좀 더 쉽게 검색하여 해당 오픈 채팅방을 찾아 낼 수 있다. 하지만 검색을 사용하는 경우는 오프라인 상에서 참가자의 스마트 폰 번호 등 개인정보를 모를 경우에 주로 사용되기 때문에 '온라인 Live HR'을 운영할 경우에 사용되는 경우는 많지 않다. 오히려 보안을 위해서는 오픈 채팅방 설정에서 '검색 허용'을 하지 않는 것으로 설정할 것을 추천한다. 오픈 채팅장의 커버 이미지는 랜덤으로 지정되지만 사용자가 원하는 이미지로 변경할 수 있다.

[오픈 채팅방 만들기 03]

오픈 채팅방의 커버 이미지를 변경 할 경우에는 사전에 행사명 또는 과정명을 미리 이미지로 만들어 놓은 후에 이미지를 변경하면 편리하다. 물론 오픈 채팅방을 개설한 이후에 '오픈 채팅방 설정'에서 커버 이미지를 변경할 수 있으며, 이미지 편집도 자유롭게 할 수 있다. 오픈 채팅방에 초대 하려면 별도 '링크 주소(URL)'의 생성이 필요하다. '공유하기'를 클릭하여 오픈 채팅방 주소를 복사할 수 있으며, 복사한 '링크 주소(URL)'는 개설한 오픈 채팅방에 붙여 넣고 사용하면 편리하다.

6-2 | 패들렛 활용법

패들렛을 사용하는 이유는 참가자의 의견을 바로 이끌어내고 시각화 하는데 매우 용이하기 때문이다. 또한 의견을 수렴하고, 관련 내용에 대해 손쉽게 댓글을 달 수 있는 기능이 있어서 오프라인에서 진행했던 토의를 재현하는데 매우 유용하다. 패들렛의 회원가입과 사용은 어렵지 않기 때문에 간단히 소개만 하고자 한다. 교육을 진행하거나 강의를 기본적으로 하는 경우라면 패들렛의 사용료는 저렴한 편이기 때문에 유료 버전의 사용을 추천한다. 회원가입은 '패들렛'을 검색하거나 https://ko.padlet.com접속하면 된다. 패들렛은 링크 주소(URL)를 참가자에게 오픈 채팅방 및 Zoom 채팅방에 공유하면 참가자는 클릭 한번 만으로 아래와 같이 응답할 수 있는 패들렛 창이 뜨기 때문에 5~7초 이내에 응답이 가능하다. 패들렛은 로그인 후에 'PADLET 만들기'를 클릭하고, 화면과 같이 '담벼락'을 선택한 다음 화면상에서 패들렛 공유 주소(URL)를 복사하여 참가자에게 공유하면 된다.

[패들렛 사용법]

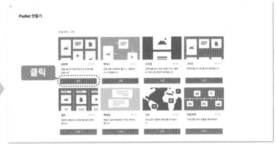

6-3 구글 설문 만들기

코로나 19 확산이 장기화 되면서 지난 6월에 기업의 교육담당자 대상으로 '온라인 Live HR 실태조사' 설문을 1.5일 간 실시한 결과 84개 업체가 응답해 주었고, 관련 설문 결과를 집계하여 '온라인 Live HR포럼'을 개최 한 바 있다. 설문 문항 설계에 1시간이 소요되었고, 84개 기업의 설문 응답을 받은 시간은 24시간 걸렸으며, 응답 결과를 집계하여 발표 준비하는데 2시간이 소요되었다. '온라인 Live HR'의 방향을 잡는데 있어서 기업의 정보를 수집하고, 해당 기업을 Zoom을 활용하여 '온라인 Live HR'을 개최하는데 걸린 시간은 불과 2일도 걸리지 않았다. 도구의 힘이다. 어떠한 도구를 사용하고 있느냐는 이젠 '기업의 미래'를 결정할 정도로 강력하다. 또 다른 사례로 작년 7월부터 10월까지 100일 동안 매일같이 한 편의 시를 구글 설문에 응답하는 이벤트를 진행했다. 20명이 매일같이 설문에 응답한 결과 '시'는 총 1,129편 모여졌다. 각자의 회사에 근무하며 매일 같이 하루에 한편의 시를 작성하며 생각의 변화를 위해 시도한 이벤트이다. 지난 3월에는 1,129편의 시에서 120편을 엄선하여 《하루하루 詩作》 시집을 출간했다.

구글 설문을 만들기 위해서는 '크롬'을 검색하여 설치 한 후, '구글 드라이브'를 설치하면 된다. 구글 드라이드에 접속했다면, '새로 만들기'를 클릭하면 구글 드라이드의 기본 기능을 확인 할 수 있다. '폴더, 파일 업로드, 폴더 업로드' 이 외에 'Google 문서, Google 스프레드시트'와 'Google 프레젠테이션'을 확인 할 수 있다. 가장 하단에 보이는 'Google 설문지'를 클릭하여 구글 설문 만들기를 준비한다. 구글 설문을 만들기 위해서는 설문할 제목을 먼저 명확히 입력한다. 행사 또는 교육과정을 진행할 경우에 필자는 그 진행 날짜를 입력하여 향후 설문 활용 시 착오가 없도록 한다. 아무래도 행사나 교육 진행이 많을 경우 어떠한 구글 설문을 사용해야 할지 착오를 일으키는 오류가 발생하기 때문이다. 한 달에 100여개 이상의 구글 설문을 만들어 사용하기 때문에 설문에 붙이는 제목도 일관성을 가지고 일정한 패턴을 만들어 제목을 붙이고 있다.

설문 방식은 설문 목적과 통계 결과를 어떠한 형태로 구성할 것인지에 따라 매우 다양하다. 구글 설문 형식은 단답형, 장문형, 객관식 질문, 체크박스, 드롭다운, 직선 단계, 객관식 그리드, 체크박스 그리드 총 8개로 구성되어 있다. 설문 사용 목적에 따라 어떠한 행태든 구애받지 않고 자유롭게 설문지를 설계할 수 있다. 행사 및 교육과정 운영에 사용되는 일반적 형식은 '단답형, 장문형, 객관식 질문, 체크박스' 4개 정도이다. 설문 질문을 만들 때 화면 하단의 '필수'는 반드시 체크하기 바란다. 그렇게 하지 않으면 설문 집계에 오류가 생기기 때문에 필수 질문항목으로 체크해 두자.

'단답형'은 설문에 응답하는 입력 단어의 중복 여부를 손쉽게 집계할 수 있으며, '장문형'은 의견을 묻는 질문에 활용한다. '객관식 질문'은 선택이 필요한 경우에 사용한다. 통상 교육담당자가 교육 만족도 평가를 하는데 사용된다. 교육 참여 이후 매우 만족, 만족, 보통, 불만족, 매우 불만족 5개 문항 중 한 개만을 선택하도록 방법이다. '체크박스'는 주어진 문항에서 해당 사항을 선택하는데 사용 된다. 예를 들어 '어떠한 경우에 Zoom을 활용했는지요?' 라는 질문에 '교육, 전사원 행사, 팀 회의, 조찬 특강, 리더 전략회의 등' 해당사항에 대해 모두 체크하도록 하여 참가자에 대해 구체적인 정보를 이끌어 내는 데 사용된다.

[구글 설문 만들기]

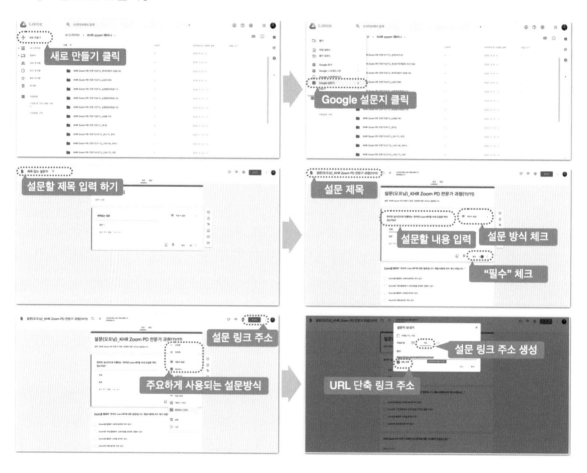

새로 만들기 클릭

Google 설문지 클릭

설문할 제목 입력 하기

설문 제목

설문할 내용 입력

설문 방식 체크

"필수" 체크

설문 링크 주소

주요하게 사용되는 설문방식

설문 링크 주소 생성

URL 단축 링크 주소

구글 설문 만들기에서 '이메일 주소' 수집 기능을 활용하면, 설문 응답자는 본인이 응답한 내용을 입력한 이메일로 받을 수 있다. 또한 입력 시 이메일이 올바르지 않은 경우 재입력을 요구하는 메시지가 뜨기 때문에 이메일 입력에 따른 오타를 줄일 수 있다. 설문 결과 확인은 '응답'을 클릭하면 확인 가능하다. 객관식 질문의 결과는 원형 도형으로 구현되기 때문에 한 눈에 들어와 피드백하기에 좋다.

'체크박스' 질문 응답 결과는 응답자가 체크한 내용에 대한 응답 횟수 분포도 확인 가능하여 전체적인 성향 파악에 도움이 된다. '장문형' 설문 결과는 응답자의 내용을 쉽게 확인할 수 있기 때문에 응답 내용을 상세하게 파악할 수 있으며, 참가자 대상의 설문의 경우 설문 결과 내용을 가지고 상호 피드백을 할 수 있어서 그 활용도가 가장 높다.

[구글 설문 결과 보기]

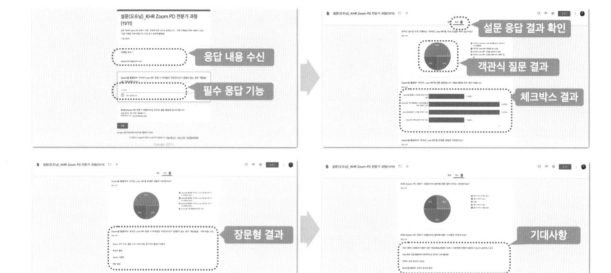

6-4 구글 스프레드시트 활용법

구글 드라이드에서 구글 스프레드시트를 활용하는 방법은 두 가지가 있다. 구글 설문 응답 결과를 구글 스프레드시트로 변환해서 사용하는 방법과 곧바로 구글 스프레드시트 자체를 실행해서 활용하는 방법이 있다. 여기에서는 구글 설문 응답 결과를 구글 스프레드시트로 변환하여 사용하는 경우 그 활용법에 대해 상세하게 알아본다.

구글 설문 응답 결과를 구글 스프레드시트 '만들기'를 클릭하면 간단히 '구글 스프레드시트' 변환된다. 이메일 주소는 응답자가 응답 결과를 수신할 수 있지만 구글 이메일을 별도로 수집 하는 이유는 구글 드라이브에 있는 기능을 응답자와 함께 공유하기 위함이다. 구글 이메일을 확보하고 있으면, 구글 설문의 공동 편집에서부터, 구글 문서와 구글 스프레드시트의 내용을 실시간으로 동시에 수정 작업이 가능하다. 물론 권한 설정에 따라 공동 편집이 아닌 읽기만 가능하도록 설정할 수 있다. 구글 설문 내용은 참가자의 정보를 파악하는 것뿐만 아니라, 참가자의 몰입도를 이끌어내는데 매우 중요하게 활용된다. 따라서 구글 설문 문항을 개발하는데는 별도의 연습이 필요하다. 참가자의 기본 정보를 파악하는 설문에서부터 참가자의 지식 보유 수준, 개인별 관심사를 비롯하여 기대사항을 구체적으로 파악할 수 있다. 이러한 정보는 관련 행사 및 교육 과정 기획에 매우 유익한 정보가 된다. 또한 온라인 Live HR 운영 중에도 참가자의 관심 정도나 학습 적응 수준을 점검할 수 있기 때문에 바로바로 반영할 수 있다. 핸드폰 번호는 상황에 따라 카카오톡 오픈 채팅방에 초대하거나 Zoom 초대장을 공유할 수 있기 때문에 미리 확보해 두어야 안정적인 온라인 Live HR을 운영할 수 있다.

[구글 스프레드시트 변환]

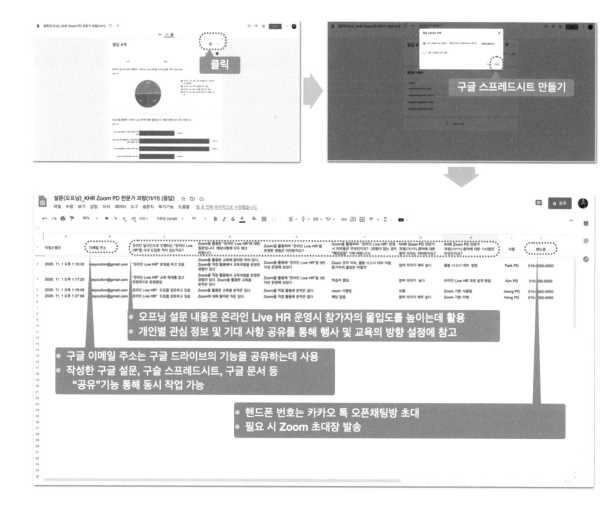

[구글 스프레드시트 사례]

설문_코로나19 대응, 사내 교육은 어떻게 하고 계시는지?(응답)

설문 제목

응답 시간

6-5 구글 문서 활용법

구글 문서 활용도는 그 응용방법에 따라 매우 다양하다. 만약 7명이 협업을 하여 100 페이지 분량의 보고서를 작성할 때 1주일이 소요된다면, 구글 문서를 통해 동시 작업을 하면 1~3일 내에 가능하다. 지난 6월에 서로 얼굴을 모르는 54명이 공동으로 책을 발간하는데 불과 1달이 걸리지 않았다. 실제 54명이 구글 문서에 각자의 글을 작성하는 시간은 2~3일 정도 걸린다. 이를 출판사에서 다시 편집하고 수정한 후에 54명이 각자의 글에 대해 오타 검수는 1일이면 충분하다. 개인 또는 기업은 어떠한 방식으로 일을 진행하고 있을까? '일하는 방식 바꾸기'에 기업들이 유행처럼 몰입했던 시기가 15년 전으로 기억한다. 그런데 지금의 상황은 어떠할까? 기업들의 일하는 방식 바꾸기는 어디까지 진행되고 있는 것일까? 구글 문서와 구글 스프레드시트 2개의 사용법만 알고 있어도 이전의 일하는 방식은 전혀 차원이 다른 수준의 일하는 방식으로 바꾸는 것이 가능하다.

'구글 문서 만들기'는 구글 드라이브에서 'Google 문서'를 클릭하면 만들어진다. 3초면 문서가 만들어 지고, 제목을 입력하는데 10초, 구글 문서의 기본내용을 작성하거나 이미 작성된 내용을 복사해서 붙혀 넣기 까지 5분정도 걸린다. 이러한 내용을 50명의 직원에게 공유하고 관련 내용에 대해 의견을 수렴하거나 내용을 수정하는데 30분이면 충분하다. 사실상 구글 문서 활용이 익숙한 상황이라면 50명의 직원이 100페이지 분량의 문서를 작성하는데 걸리는 시간은 1시간이 채 걸리지 않는다.

구글 문서 공유하기 위해서는 '구글 이메일'은 필수로 확보하고 있어야 한다. 확보된 구글 이메일로 구글 문서를 공유할 때는 사용 권한을 지정할 수 있다. '뷰어'는 내용만 확인이 가능하다. '댓글 작성자'는 구글 문서 내용에 대해 의견을 달 수 있는 기능이다. '편집자'의 권한을 부여해야 구글 문서 편집이 가능하다. 공동의 작업을 하는 경우라면 이 '편집자'의 권한을 부여해야 한다. 그 외 '소유자 지정 및 삭제' 기능도 확인하기 바란다.

[구글 문서 만들기]

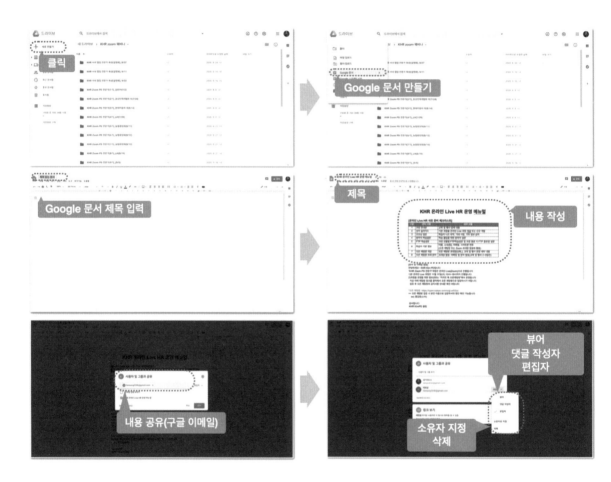

'구글 문서 공동 작업'의 방법을 보면 어떻게 일하는 방식을 바꾸면 되는 지에 대해 해답을 찾을 수 있다. 구글 문서에 정리된 내용마다 댓글을 달아 의견을 주고받을 수 있기 때문이다. 이전에는 문서를 수정 할 때마다 내용을 주고받으며 수정 사항을 설명하느라 많은 시간을 허비했다. 심지어는 수정 내용에 일일이 빨간펜으로 줄을 치고, 첨삭을 한 후에 담당자를 불러 다시 설명하는데 시간을 낭비했다. 이렇게 하고도 문서는 여러 번 '핑퐁'을 하고 나서야 완성된다. 더구나 수정 사항을 확인하느라 미팅 시간을 잡고, 기다리는 상황은 이젠 상상하기 힘든 일처리 방식으로 전락했다. 현재도 이렇게 일처리가 되고 있는 기업은 얼마나 될까?

'수정 제안' 기능은 보고서 또는 제안서를 구글 문서로 작성할 때 매우 유용한 기능이다. 작성된 문서에 대해 누군가 내용 수정을 제안한 것에 대해 반영할 것인지, 삭제 할 것인지를 한 번의 클릭만으로 간단히 처리가 되기 때문이다. '제안 수용'을 하면 수정한 내용을 반영이 되고, '제안 거부'를 클릭하면 수정하려는 내용이 모두 삭제되기 때문에 내용 검토와 수정이 매우 빠르게 진행된다. 구글 문서에서 여러 사람이 직접 수정한 내용의 경우도 모두 확인이 가능하다. 구글문서 100페이지를 50명이 수정 했다면, 어떠한 내용을 누가 수정 했는지 모두 확인이 가능하다.

[구글 문서 공동 작업]

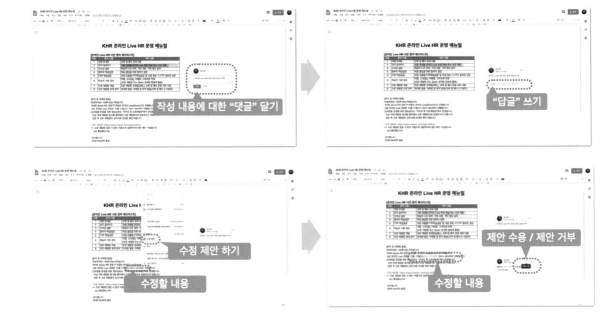

필자가 '온라인 Live HR' 운영 시 구글 문서를 사용하는 경우는 팀별 토의를 진행 할 때이다.
교육과정 진행시 팀을 나눈 후에 미리 구글 문서를 만들어 놓고, 강의를 진행시에 각 팀에서 직
접 구글 문서를 작성하도록 한다. 각 팀별 토의는 Zoom의 '소회의실'을 기능 활용한다. 16명의 교
육생이 참여하고 있다면 4명씩 4개의 'Zoom 소회의실'을 만들어 각 팀별 회의가 진행되도록 하
고 토의 결과는 구글 문서에 즉시 작성하도록 하면 된다. 그렇게 되면 구글 문서만 보고 있어도
각 팀별 회의가 어떻게 진행되고 있는지 확인이 가능하다. 이렇게 작성된 구글 문서는 각 팀별
발표를 진행할 때 활용한다.

구글 문서를 공동 작업 하려면 필히 구글 이메일 공유 시 '편집자' 권한을 부여해야 한다. 참가자
에게는 구글 문서 작성법에 대해 기본적인 설명만으로도 교육진행에는 무리가 없다.

[팀별 토의 구글 문서 활용]

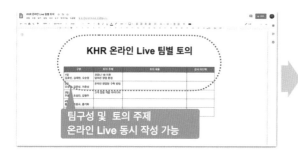

에버 노트는 노트 필기 앱으로는 최강이다. 간단한 문서 편집에서부터, 이미지, 파일 등 관련 내용을 정리하기에 사용이 편리하다. 특히 웹서핑을 통한 정보 수집 시에 호환성이 좋기 때문에 관련 내용을 복사해서 붙혀 넣어도 오류가 나는 경우가 거의 없다.

[에버노트 회원가입]

[에버노트 작성하기]

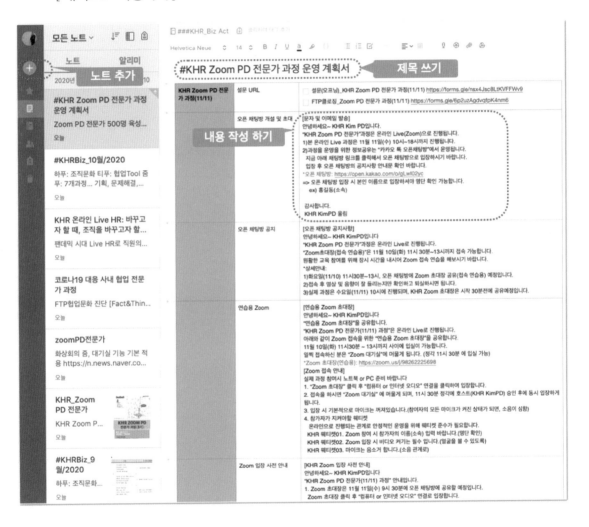

Live
7장

실전 '온라인 Live HR'

Zoom을 활용한 '온라인 Live HR'의 안정적 운영을 위해서는 실전 연습이 필요하다. 필자가 실제로 온라인 Live HR을 진행할 때 출력을 해놓고 점검하는 체크리스트는 아래와 같다. 내용상 다소 이해가 필요한 사항이 있으면 'Live 5장 온라인 Live HR 운영 프로세스'를 참고해 주기 바란다.

7-1 | 온라인 Live HR 운영 셋팅

강의 슬라이드는 매번 강의를 할 때마다 습관적으로 재수정을 한다. 그렇지 않으면 아무런 변화 없이 반복된 강의를 진행하기 때문이다. Zoom을 활용한 온라인 Live HR 진행 시 강의 슬라이드는 듀얼 모니터에 띄운다. 왜냐하면 참가자의 몰입도을 높이기 위한 방법으로 '듀얼 모니터'를 사용하기 때문에 미리 듀얼 모니터 화면에 강의 슬라이드를 띄워 놓는다. 만약, 온라인 Live HR을 진행 중에 강의 슬라이드 파일을 찾는 모습이 화면상에 그대로 참가자에게 보여진다는 것은 강사가 오프라인 강의 시 강단에 서서 강사 주머니 속을 뒤지며, 넥타이를 주섬주섬 꺼내어 목에 메는 모습과 같다.

[온라인 Live HR 준비 항목]

'구글 설문 URL'은 미리 만들어 놓은 모든 설문의 URL은 별도 정리를 해두어 강의 진행시 적절한 타이밍에 참가자에게 공유해야 한다. 그렇지 않으면, 어떠한 설문을 어느 때 공유해야 하는지 헤깔리거나 잠시 '깜빡' 하여 타이밍을 놓치고 만다. 오프라인과 달리 온라인상에서는 생각보다 그 속도가 매우 빠르기 때문에 잠깐 사이에 벌어지는 '깜빡'에 의한 실수는 만회하기 쉽지 않다. 필자는 '온라인 Live HR' 운영을 위한 모든 사항은 '에버노트'에 정리하여 진행하고 있다. '패들렛' 역시 Zoom 시작 전에 미리 화면에 띄워두고, URL은 에버노트에 정리해 둔다.

'오픈 채팅방'은 상황에 따라 1주일전에 띄우기도 하지만, 통상적으로 2~3일 전에 개설하여 참가자에게 '오픈 채팅방 초대장'을 문자로 보낸다. 경우에 따라 이메일을 함께 보낸다. 이렇게 하는 이유는 문자 확인을 놓치는 참가자에게 재확인 차 보내거나 참가자의 하드웨어 상황에 따라 접근하기 편하도록 하기 위함이다.

'참가자 명단'은 기본적으로 이름과 핸드폰 번호는 확보를 하고 있어야 하며 그 외 이메일 및 기타 정보가 있으면 Live HR 운영에 도움이된다. 필요시 추가적인 개인 정보는 구글 오프닝 설문 응답 시 확보해서 진행하면 된다. 개인정보는 교육 과정 운영 시 팀 편성 등에 참고할 수 있기 때문이다. 간단한 행사를 진행하거나 하는 경우에는 참자가 확인을 위한 이름과 핸드폰 번호만 있으면 된다.

'Zoom 초대장'은 온라인 Live HR 시작 1시간 전에는 'Zoom 새 회의'를 개설하거나 미리 만들어 둔 '회의 예약' URL을 확인해서 에버노트에 정리해 둔다. Zoom 회의실을 개설한 이후에는 음소거와 비디오 점검을 하고 참가자와 채팅 창을 열어 둔다. 기본 적으로 'Zoom 대기실'을 사용하기 때문에 '참가자 모두 수락'을 한 후 곧바로 'Zoom 대기실 비활성화' 하는 것을 잊으면 안 된다.

'노트북, 모니터'는 Zoom PD의 경우 2개 모두 준비를 해야 한다. 원활하고 안정적인 '온라인 Live HR'을 운영하기 위해서는 메인으로 사용할 노트북과 참가자에게 보여 지는 화면으로 '듀얼 모니터'가 필요하다.

'스마트 폰'은 안정적인 '온라인 Live HR' 운영에 반드시 필요하다. Zoom PD가 아무리 능숙하게 Zoom을 다루더라도 '깜빡' 하는 실수는 여기저기 널려 있기 때문에 실수를 피하기가 쉽지 않다. 이러한 실수를 줄이기 위해서는 참가자가 보는 화면을 Zoom PD도 동시에 보면서 반복적으로 모니터링을 해야 한다.

다음으로 점검하는 것은 '온라인 Live HR' 운영에 따른 교육 프로그램 기획과 운영이다. 기본 적으로 45분 강의에 반드시 15분의 휴식을 취하는 것이 좋다. 오프라인 보다 '온라인 Live HR' 에서의 참가자 몰입도가 훨씬 높기 때문에 충분한 휴식이 필요하다. 교육 프로그램은 일반적인 이론보다는 핵심적인 내용 요약이 필요하다. 이론과 관련 있는 현장 사례로 참가자의 관심을 유도하고 적절한 질문을 통해 상호 소통할 수 있는 프로그램으로 진행되어야 한다. 이렇게 진행된 강의는 참가자로 하여금 'FTP 설문'을 통해 배운 내용에 대한 'Fact 요약'과 이에 대한 'Think'를 정리하고, 관련하여 어떻게 현업에서 적용할 것인지에 대해 'Plan'을 수립하도록 한다. 'FTP 설문 결과'는 적절한 피드백으로 마무리 한다.

[온라인 Live HR 준비 항목]

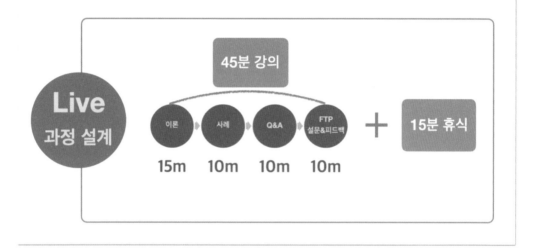

Zoom 을 활용해 '온라인 Live HR'을 운영하다 보면, 생각 보다 준비 할 것 도 많고, 진행 중에도 지속 적으로 챙겨야 할 것들이 많다. 그 세부적 인 사항에 대해 핵심만 정리해보면 다음과 같다. 매번 '온라인 Live HR'을 준비 할 때 마다 확인 하고, 점검하고 진행 중에도 반드시 체크해보기 바란다. 오직 안정적인 '온라인 Live HR' 운영을 통해 기본의 진행 방식 보다는 '9배' 이상의 기대효과를 만들어 내기 위함이다.

[온라인 Live HR 사전 준비]

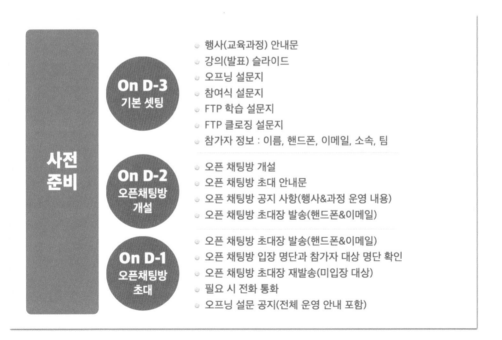

[온라인 Live HR 직전 준비]

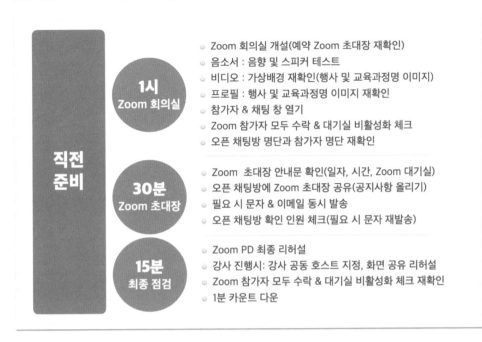

직전 준비

1시 Zoom 회의실
- Zoom 회의실 개설(예약 Zoom 초대장 재확인)
- 음소서 : 음향 및 스피커 테스트
- 비디오 : 가상배경 재확인(행사 및 교육과정명 이미지)
- 프로필 : 행사 및 교육과정명 이미지 재확인
- 참가자 & 채팅 창 열기
- Zoom 참가자 모두 수락 & 대기실 비활성화 체크
- 오픈 채팅방 명단과 참가자 명단 재확인

30분 Zoom 초대장
- Zoom 초대장 안내문 확인(일자, 시간, Zoom 대기실)
- 오픈 채팅방에 Zoom 초대장 공유(공지사항 올리기)
- 필요 시 문자 & 이메일 동시 발송
- 오픈 채팅방 확인 인원 체크(필요 시 문자 재발송)

15분 최종 점검
- Zoom PD 최종 리허설
- 강사 진행시: 강사 공동 호스트 지정, 화면 공유 리허설
- Zoom 참가자 모두 수락 & 대기실 비활성화 체크 재확인
- 1분 카운트 다운

[온라인 Live HR 직전 준비]

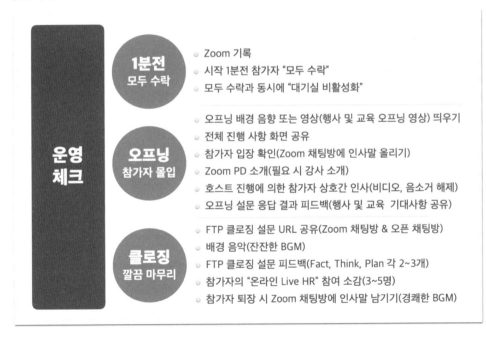

운영 체크

1분전 모두 수락
- Zoom 기록
- 시작 1분전 참가자 "모두 수락"
- 모두 수락과 동시에 "대기실 비활성화"

오프닝 참가자 몰입
- 오프닝 배경 음향 또는 영상(행사 및 교육 오프닝 영상) 띄우기
- 전체 진행 사항 화면 공유
- 참가자 입장 확인(Zoom 채팅방에 인사말 올리기)
- Zoom PD 소개(필요 시 강사 소개)
- 호스트 진행에 의한 참가자 상호간 인사(비디오, 음소거 해제)
- 오프닝 설문 응답 결과 피드백(행사 및 교육 기대사항 공유)

클로징 깔끔 마무리
- FTP 클로징 설문 URL 공유(Zoom 채팅방 & 오픈 채팅방)
- 배경 음악(잔잔한 BGM)
- FTP 클로징 설문 피드백(Fact, Think, Plan 각 2~3개)
- 참가자의 "온라인 Live HR" 참여 소감(3~5명)
- 참가자 퇴장 시 Zoom 채팅방에 인사말 남기기(경쾌한 BGM)

[온라인 Live HR 사전 준비]

참가자 참여 영상(비디오)

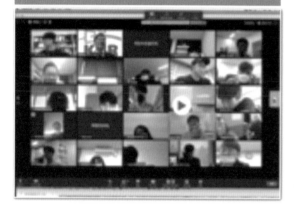

참가자 Zoom 접속 현황

과정참여 결과물(패들렛)

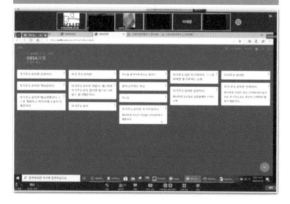

참가자 FTP 학습 설문결과

온라인 Live HR 문 닫기

오프라인에서 진행한 교육을 온라인 Live HR로 운영했을 때 그 효율성과 효과성에 대해 필자는 9배로 강조했다. 사실은 이보다 더 많은 효과를 기대할 수 있다. 정말일까? 오프라인에서 300분이 걸릴 일을 온라인 Live HR에서는 단, 3분이면 끝낼 수 있다.

그렇다면 오프라인에서 1주일이 걸릴 일을 온라인 Live HR에서는 얼마나 걸릴까? 역시 단, 3분이면 된다. 왜냐하면 앞서 강조한 바와 같이 온라인 Live HR은 동시성으로 진행되기 때문이다.

만약 전사원 1,000명이 대강당에 모여 1시간 동안 회사의 메시지를 전달받는다고 할 때 참가자가 참여하는 데 걸리는 이동시간은 얼마나 될까? 1인당 1시간을 잡아도 총 이동시간은 1,000 시간이나 된다. 1일 근무시간인 8시간으로 나누면 125명의 근무시간이 사라지는 것이다.

만약 전국에서 모인 상황이라면 평균 3시간을 잡아도 3,000시간이다. 그러니까 계산하면 375명의 근무시간이 흔적도 없이 사라지는 것이다. 1년에 4번의 회의를 한다고 가정하면 무려 1,500명의 근무시간이 흔적도 없이 사라지는 셈이다. 온라인 Live HR은 0시간이다.

각자의 현업에서 잠시 참여하면 되기 때문이다. 더욱 안타까운 것은 1,000명이 모인 후에 서로 헤어지기 바쁘다. 의견을 듣는 시간이 배정된다고 해도 불과 10여 명 정도에 불과 할 것이다. 그러나 온라인 Live HR은 1,000명의 의견을 모두 수렴하는데 걸리는 시간은 역시 단, 3분이면 충분하다. 1년간 4번을 진행한다 해도 불과 20분도 채 걸리지 않는다.

우리는 지금 무엇을 고민해야 할까? 코로나19는 분명 커다란 위기를 몰고 왔다. 그러나 이를 어떻게 극복해 내느냐에 따라 전혀 다른 수준의 변화를 만들어갈 수 있다. 그동안 시도해도 좀처럼 변하지 않았던 '조직문화'가 되었든, '일하는 방식 바꾸기'를 10여 년 넘게 시도해도 좀처럼 변화되지 않았다면, 지금 당장 어떠한 선택을 할 수 있을까?

온라인 Live HR의 시작은 짧은 시간에 많은 것을 변화하게 하고, 또한 예상치 않은 성과를 만들어 낼 수 있다는 것에 필자는 경험적인 신뢰를 가지고 있다. 단순히 대안으로써 하나의 접근방법에 국한하는 것이 아니라, 그동안 놓치고 있었던 것들에 대해 충분한 대안이 될 수 있음에 기대를 해보기 바란다. Zoom PD 전문가는 변화의 주체가 될 수 있다.